Bonheur
d'occasion

de Gabrielle Roy

PAR ANDRÉ PAINCHAUD

Données de catalogage avant publication (Canada)

Painchaud, André, 1946-

  Bonheur d'occasion

  (Collection Texto HMH. Français ; 8)
  Comprend des références bibliographiques et un index.
  Pour les étudiants du niveau collégial.

  ISBN 2-89428-210-9

  1. Roy, Gabrielle, 1909-1983. Bonheur d'occasion. 2. Roy,
Gabrielle, 1909-1983. I. Titre. II. Collection.

PS8535.O95B63 1998   C843'.54   C97-941616-7
PS9535.O95B63 1998
PQ3919.R69B63 1998

Consultation pédagogique : France Boisvert
Révision générale : Nathalie Savaria
Conception de la maquette
et infographie : Design Copilote, Montréal

Responsable éditoriale : Maya Prpić
Éditrice pédagogique : Miléna Stojanac

Éditions Hurtubise HMH ltée
1815, avenue De Lorimier
Montréal (Québec) H2K 3W6 Canada

Téléphone : (514) 523-1523
Télécopieur : (514) 523-9969

L'édition de poche utilisée pour ce livre est la suivante :
Bonheur d'occasion, Montréal, Boréal Compact, 1996.

ISBN 2-89428-210-9
Dépôt légal — 1er trimestre 1998
Bibliothèque nationale du Québec
Bibliothèque nationale du Canada

Imprimé au Canada

Sommaire

Remerciements

Je tiens à remercier Mme Annie Tilleul, ainsi que MM. Lucien Hamelin, Jean-Pierre Myette, François Ricard et Paul-Émile Roy d'avoir eu la patience et la gentillesse de lire le manuscrit de ce livre et de me faire part de leurs précieuses remarques.

La formation

Études et enseignement

Gabrielle Roy naît le 22 mars 1909 à Saint-Boniface, au Manitoba, la dernière d'une famille de huit enfants. Son père et sa mère sont originaires du Québec. De 1915 à 1928, elle fait ses études primaires et secondaires, à la fois en anglais et en français, car le gouvernement du Manitoba vient de limiter à une heure par jour le temps d'enseignement en français. Même si cette loi ne sera pas appliquée à la lettre, il reste que Gabrielle Roy fera ses études en très grande partie en anglais.

Ses études secondaires terminées, elle fait une année de pédagogie, puis devient institutrice, d'abord à Marchand, puis à Cardinal, deux petits villages du sud du Manitoba. Son père meurt l'année où elle obtient son brevet d'institutrice. En 1930, elle revient à Saint-Boniface pour y enseigner en première année à l'Institut Provencher, ce qu'elle continuera de faire jusqu'en 1937. Ses élèves sont surtout des enfants d'immigrants, dont plusieurs ne connaissent, à leur arrivée à l'école, ni le français ni l'anglais.

Mes amours d'enfance, c'est le ciel silencieux de la plaine s'ajustant à la douce terre rase aussi parfaitement que le couvercle sur le plat entier, ciel qui pourrait enfermer, mais qui, au contraire, par la hauteur du dôme, invite à s'élancer, à se délivrer [...]

Gabrielle Roy, *Fragiles Lumières de la terre.*

L'expérience de ses années d'enseignement, Gabrielle Roy en fera, beaucoup plus tard, la matière de *Ces enfants de ma vie.*

Tout en enseignant, elle fait du théâtre dans une troupe amateur du nom de *Cercle Molière*. Elle hésitera en fait longtemps entre une vocation de comédienne et une vocation d'écrivain, l'enseignement étant plutôt un moyen temporaire de gagner sa vie et de réaliser un rêve. Très tôt, en effet, elle a décidé qu'un jour elle irait en Europe et elle économise l'argent nécessaire à ce voyage. Le dernier été précédant son départ, elle se rend enseigner à l'école de la Petite-Poule-d'Eau, petite localité perdue du nord du Manitoba. Elle part pour l'Europe en automne 1937. Ce qui lui restera du Manitoba, c'est surtout le souvenir de la diversité culturelle et des paysages.

Cette expérience sera transposée dans la deuxième œuvre importante de Gabrielle Roy, intitulée *La Petite Poule d'Eau*.

Premier séjour en Europe

Elle passe dix-huit mois en Europe, séjournant d'abord à Paris, puis à Londres. Elle y partage son temps entre des leçons d'art dramatique et des voyages. C'est en Angleterre qu'elle finit par se rendre compte qu'elle n'est pas faite pour le métier de comédienne. Elle envoie alors des articles à un journal parisien, qui les publie ; sa décision est prise : elle sera écrivain. Avant de regagner le Canada, elle fait encore un séjour de trois mois en Provence.

Je ne sais pas si j'ai jamais été aussi heureuse qu'en ces trois mois où je vagabondai, sac au dos, [...] grisée par les odeurs, la lumière, la chaleur, la gaieté humaine, l'âpreté aussi parfois ou d'un visage ou d'un relief du pays [...]

Gabrielle Roy, « Ma petite rue qui m'a menée autour du monde »

Le journalisme

À son retour d'Europe, elle décide de ne pas rentrer au Manitoba. Elle s'installe plutôt à Montréal, où elle devient journaliste. C'est au journal *Le*

Jour, dirigé à l'époque par Jean-Charles Harvey, qu'elle publie ses premiers textes. Elle mène alors une existence difficile et doit même faire appel à la générosité de ses amis, mais elle finit par obtenir un emploi de journaliste à temps plein au *Bulletin des agriculteurs*. Il s'agit d'un mensuel, qui connaît à cette époque un tirage important (plus de 100 000 exemplaires). Spécialisé dans les questions agricoles, le *Bulletin des agriculteurs* publie aussi des récits de fiction, des articles consacrés à l'actualité locale et internationale et une chronique de Claude-Henri Grignon. Gabrielle Roy y publie surtout des reportages, ce qui l'amène à voyager un peu partout au Québec et au Canada. Elle publiera entre autres une série de reportages sur Montréal, où l'on peut voir les premières ébauches des descriptions de *Bonheur d'occasion*. Mais elle s'intéresse aussi à différents groupes d'immigrants de l'Ouest canadien, aux pêcheurs de la Gaspésie, à la colonisation en Abitibi, aux différentes régions du Québec. En 1943, sa mère meurt.

L'ennui, la solitude, presque l'indigence étaient mes seuls compagnons.

Gabrielle Roy, «Ma petite rue qui m'a menée autour du monde»

Le souvenir de sa mère sera présent dans plusieurs de ses œuvres, notamment *Rue Deschambault, La Route d'Altamont, De quoi t'ennuies-tu, Éveline ?* et *La Détresse et l'Enchantement.*

Bonheur d'occasion

Son emploi au *Bulletin des agriculteurs* lui laissant beaucoup de temps libre, Gabrielle Roy en profite pour se retirer loin de Montréal, à Port-Daniel, en Gaspésie, et à Rawdon près de Joliette, où elle écrit *Bonheur d'occasion*. Le roman paraît au cours de l'été 1945 et connaît tout de suite le succès. Ainsi, il obtient,

Un jour, sur les bords du vieux canal Lachine, je découvris Saint-Henri et, dans ce quartier de déracinés, des gens tout pareils par bien des côtés à ceux de ma petite rue Deschambault, quoique plongés, eux, dans l'enfer de la concentration urbaine. Gabrielle Roy, « Ma petite rue qui m'a menée autour du monde »

en 1946, un prix de l'Académie française, puis une médaille de l'Académie canadienne-française. Grâce à l'intérêt que les Américains manifestent pour le roman, ce succès se transforme, en 1947, en un triomphe qu'aucune œuvre publiée au Québec n'a connu jusqu'alors, ni qu'aucune ne connaîtra par la suite. La même année, *Bonheur d'occasion* obtient aussi le prix Fémina, l'un des plus prestigieux prix littéraires français. Si l'œuvre connaît du succès sur la scène internationale, elle tient aussi une place tout à fait exceptionnelle dans l'histoire de la littérature au Québec. En effet, Bonheur d'occasion est considéré, avec *Au pied de la pente douce* de Roger Lemelin, comme l'un des tout premiers romans de la ville de notre littérature (même si le Québec est devenu une société à majorité urbaine plus de vingt ans auparavant). Il est aussi le premier roman à refléter la réalité sociale du Québec d'alors, au lieu d'être tourné vers le passé comme le sont encore bon nombre de romans de cette époque.

Deuxième séjour en Europe

En plus d'être l'année du triomphe de *Bonheur d'occasion*, 1947 est aussi l'année du mariage de Gabrielle Roy avec le docteur Marcel Carbotte. Aussitôt mariés, ils décident de partir pour l'Europe, où le docteur Carbotte veut poursuivre des études de spécialisation. Ils séjournent trois ans en France, années au cours desquelles sera écrite *La Petite Poule d'Eau*. Bien qu'établie dans la région parisienne, Gabrielle Roy voyage, tantôt seule, tantôt avec son mari, en Belgique, aux Pays-Bas, en Suisse, en Bretagne et en Angleterre.

Le retour au pays

En 1950, ils rentrent au pays et s'installent à Ville LaSalle. Deux ans plus tard, ils décident d'aller s'établir à Québec, où Gabrielle Roy habitera jusqu'à la fin de sa vie. À partir de ce moment, sa vie se confond pour ainsi dire avec l'élaboration de son œuvre : les dates qui jalonnent son existence sont celles de la parution de ses livres et des distinctions qu'ils lui valent. Mais sa vie restera aussi marquée par de nombreux voyages.

En 1954, paraît *Alexandre Chenevert*, roman sur lequel elle a beaucoup peiné. En 1955, *Rue Deschambault* lui vaut le prix du Gouverneur général du Canada. Entre-temps, elle a beaucoup travaillé à une œuvre dont les premières ébauches remontent peut-être à 1947, et sur laquelle elle travaillera de nouveau plus tard, mais elle ne la mènera jamais à terme. Il s'agit de ce qui aurait vraisemblablement été une vaste fresque sur la colonisation du Manitoba, inspirée entre autres de la vie de ses parents. D'autres projets connaîtront d'ailleurs le même sort, ce qui explique en partie les longs intervalles qui séparent la parution de ses œuvres.

En 1957, elle acquiert une propriété au bord du fleuve, à Petite-Rivière-Saint-François, dans Charlevoix : c'est là

Comme elle le remarque elle-même dans « Ma petite rue qui m'a menée autour du monde », son œuvre comporte deux pôles : les hommes, d'une part, vers lesquels elle est portée par une intense sympathie, malgré le mal et la difficulté de communiquer, et la nature, d'autre part. Celle-ci constitue soit une sorte de refuge loin des hommes ; soit — si les hommes y sont présents — un lieu de paix, de réconciliation et d'harmonie, en somme un éden ; soit encore une sorte d'échappée vers un monde autre, vers l'éternel (il s'agit en ce dernier cas du coucher du soleil, de la voûte céleste ou de grandes étendues d'eau). De ces deux pôles, dans *Bonheur d'occasion*, ce sont surtout les hommes qui sont présents, quoiqu'il serait aussi intéressant d'y étudier la présence de la nature, si discrète soit-elle.

qu'elle passera dorénavant ses étés. Ce fait mérite d'être souligné, dans la mesure où la nature tient une place importante dans son œuvre. De plus, ce lieu servira de décor aux récits de *Cet été qui chantait*. En 1961, elle publie *La Montagne secrète* et fait deux voyages : l'un en Ungava — qui lui fournira la matière de *La Rivière sans repos*, roman sur les Esquimaux publié en 1970 — et un voyage en Grèce, avec son mari. En hiver 1964, elle se rend en Arizona à l'occasion de la mort de sa sœur Anna. En 1966 paraît *La Route d'Altamont*.

Les honneurs

Cette même année, on lui demande d'écrire le texte de l'album officiel de l'Exposition universelle « Terre des hommes ». Elle fit aussi partie d'un comité composé de personnalités canadiennes marquantes, auquel il avait été demandé de réfléchir sur le thème de l'Exposition de 1967. Elle recevra d'autres honneurs prestigieux : en 1967, elle est faite Compagnon de l'Ordre du Canada ; en 1968, l'Université Laval lui décerne un doctorat honorifique ; en 1971, elle reçoit le prix David.

Les dernières années

En 1970, elle se rend à Saint-Boniface auprès de sa sœur Bernadette, qui est mourante. Elle entretient avec elle une correspondance depuis plusieurs années.

Les dernières lettres à sa «chère petite sœur» sont particulièrement émouvantes et constituent, par moments, de véritables poèmes.

Si Gabrielle Roy est devenue «la grande dame de la littérature canadienne», comme l'appellent les journalistes, sur qui les honneurs continuent de pleuvoir, pour beaucoup, elle est surtout restée l'auteur d'une œuvre : *Bonheur d'occasion*. Bien qu'elle conservera toujours un public fidèle, certaines de ses œuvres seront mal reçues par la critique. Elle se verra refuser le manuscrit de *La Rivière sans repos* par son éditeur newyorkais et *Cet été qui chantait* (1972) recevra au Québec un accueil critique peu favorable. Ces désillusions l'affectent beaucoup.

Les dernières années de sa vie sont tristes et sombres : son état de santé va en se détériorant, ses rapports avec son mari sont de plus en plus mauvais et sa sœur Adèle la poursuit de sa haine et de sa jalousie. La détresse de ces années de la vie de Gabrielle Roy s'exprime en particulier dans la nouvelle intitulée *Un jardin au bout du monde* (1975). Ses dernières œuvres seront péniblement arrachées à la maladie et au désespoir. Mais, tout comme le Mozart des dernières années, qui, bien que malade et confronté à des difficultés de tous ordres, produit quelques-unes de ses plus belles œuvres, entre autres *La Flûte enchantée*, c'est plongée dans les conditions les plus pénibles que Gabrielle Roy

Les lettres à sa sœur Bernadette seront publiées, en 1988, sous le titre de *Ma chère petite sœur*.

parviendra elle aussi à écrire une de ses œuvres les plus lumineuses : *Ces enfants de ma vie*. Ce livre lui vaudra à nouveau le prix du Gouverneur général du Canada et connaîtra un grand succès, tant auprès de la critique que du public.

Les toutes dernières années de sa vie sont consacrées à un vaste projet d'autobiographie. Celle-ci devait comporter quatre parties : seules les deux premières pourront être menées à terme. Elles seront publiées après sa mort, conformément à sa volonté, sous le titre : *La Détresse et l'Enchantement*. Elle meurt le 13 juillet 1983 à Québec.

Mémo

- 1909 : Naissance à Saint-Boniface, Manitoba.
- 1929-1937 : Carrière d'institutrice au Manitoba.
- 1937-39 : Premier séjour en Europe.
- 1939-1945 : Retour d'Europe ; installation à Montréal ; carrière de journaliste ; publication de *Bonheur d'occasion*.
- 1947-1950 : Prix Fémina pour *Bonheur d'occasion*. Deuxième séjour en Europe.
- 1950 : Installation à Montréal.
- 1952 : Installation à Québec.
- 1957 : Achat d'une propriété dans Charlevoix, sur le bord du fleuve, où elle passe dès lors ses étés.
- 1967 : Publication du texte sur « Terre des hommes ».
- 1983 : Mort de Gabrielle Roy.
- 1984 : Publication de *La Détresse et l'Enchantement*.

Industrialisation et urbanisation

Le Québec est resté une société agricole jusqu'au début du XXe siècle. Ainsi, en 1901, la population québécoise est encore rurale à 60 %. Mais les Québécois ont commencé à quitter les campagnes à partir de la deuxième moitié du XIXe siècle, d'abord pour émigrer vers les villes industrielles de la Nouvelle-Angleterre, puis pour s'installer à Montréal, Québec, Trois-Rivières, etc. Ce mouvement de migration de la campagne vers la ville va aller en s'accentuant, si bien que dès le recensement de 1921 un peu plus de la moitié de la population est urbaine et qu'en 1931 le pourcentage des Québécois vivant dans les villes atteint presque 60 %. Un demi-million de personnes sont venues grossir les rangs des citadins au cours des années 20, ce qui est considérable, compte tenu du fait que le Québec a un peu moins de trois millions d'habitants en 1931. On peut imaginer à quel point le passage de la campagne à la ville a pu représenter un changement très profond dans la vie de ces gens.

Cela dit, 40 % de la population reste encore à la campagne et la crise

Dans *Bonheur d'occasion*, Rose-Anna fait partie du demi-million de personnes qui ont quitté la campagne pour la ville à cette époque.

L'épisode du voyage à la campagne, dans le roman, évoque la tentation du retour à la terre, mais Rose-Anna revient déçue de ce voyage. Quant à Azarius, né en ville, la campagne ne représente pas pour lui ce qu'elle représente pour sa femme, c'est-à-dire le paradis perdu du bonheur de l'enfance.

Les rapports entre les communautés anglophone et francophone de Montréal sont aussi décrits par le Québécois de langue anglaise Hugh MacLennan dans un roman publié en 1945, soit la même année que *Bonheur d'occasion*, et justement intitulé : *Two Solitudes*.

économique des années 30 va mettre un frein à ce déplacement vers la ville — certains des nouveaux citadins choisissent même de retourner à la campagne — de sorte que la population urbaine ne s'élèvera qu'à 61,2 % en 1941. La migration vers la ville va reprendre après la guerre, mais pas au même rythme qu'au début du siècle, et la population rurale va continuer à peser de tout son poids sur le destin politique du Québec pendant encore de nombreuses années, entre autres en réélisant Maurice Duplessis à la tête du gouvernement québécois jusqu'en 1959.

La population de Montréal avait été, au XIXe siècle, majoritairement de langue anglaise. Lorsque les Québécois francophones y arrivent, à la fin du XIXe et au début du XXe siècle, ils y côtoient une forte proportion d'anglophones (34 %, en 1941). *Bonheur d'occasion* illustre bien la cohabitation de ces deux communautés : solitude des deux groupes l'un vis-à-vis l'autre et domination d'un groupe sur l'autre.

À Montréal, c'est d'abord le long du canal Lachine, lequel fait partie d'un important axe de communication est-ouest (fleuve Saint-Laurent — Grands Lacs), que s'établissent les premières industries. Le quartier Saint-Henri, où se déroule l'action de *Bonheur d'occasion*, longe précisément le canal Lachine. Par ailleurs, le port de Montréal, tout proche, le canal Lachine et les industries de Saint-Henri expliquent la présence des voies ferrées qui traversent le quartier et leur importance dans le roman.

Si le visage économique et social du Québec change rapidement en ce début de XXe siècle, une élite nationaliste traditionaliste, pour sa part, va s'employer à lutter de toutes ses forces, mais en vain, contre le déplacement de la population vers la ville. Elle tentera de détourner ce flot migratoire vers de nouvelles terres de colonisation, par exemple, à la fin du XIXe siècle, vers le Saguenay-Lac-Saint-Jean et la région des Laurentides située au nord-ouest de Montréal, ou, au début du XXe siècle, vers l'Abitibi, et même vers ce lointain Manitoba où avaient été s'installer les parents de Gabrielle Roy dans les années 1880. Elle veut protéger les Canadiens français du contact avec une civilisation anglo-saxonne protestante et matérialiste en sauvegardant la langue, la foi et les valeurs traditionnelles du peuple canadien-français. Cette élite conservatrice prétend que la place des Canadiens français est sur la terre, où ils doivent continuer de vivre entre eux, à la façon de leurs ancêtres.

Le clergé, qui fait partie de cette élite, joue un rôle social et politique considérable dans le Québec de la fin du XIXe et de la première moitié du XXe siècle. C'est l'Église qui contrôle l'éducation, les institutions de santé, les orphelinats, et l'influence des curés sur le petit peuple, comme celle des évêques sur les dirigeants, pèse très fortement, même si elle ne l'emporte pas toujours, comme dans le cas de la migration vers la ville.

En effet, les efforts de cette élite, clergé compris, n'ont pas empêché les

Dans *Bonheur d'occasion*, le père d'Emmanuel appartient à ce groupe.

En 1936, Maurice Duplessis est élu pour la première fois à la tête du gouvernement québécois. Il restera premier ministre du Québec jusqu'en 1959, ne connaissant qu'une éclipse de cinq ans, pendant la Deuxième Guerre mondiale. Il appartient lui aussi à cette élite conservatrice. Proche du clergé, il s'appuie sur un électorat très majoritairement rural.

900 000 Québécois partent pour les États-Unis de 1840 à 1930.

Québécois d'émigrer en masse vers la Nouvelle-Angleterre ni d'envahir les villes du Québec. Ce n'est pourtant qu'après la Deuxième Guerre mondiale que ces efforts finiront par s'essouffler.

La crise économique

Les idées politiques de Gabrielle Roy, à l'époque, la portent plutôt du côté du Parti libéral, dont elle est proche par son ami Henri Girard, et même du côté des sociaux-démocrates. Il ne faut pas oublier qu'elle est née et a vécu jusqu'à l'âge de 27 ans au Manitoba, province où les sociaux-démocrates du CCF (ancêtre du NPD actuel) avaient commencé à s'implanter à l'époque où elle y habitait encore.

Rappelons-nous que, dans *Bonheur d'occasion*, Azarius est menuisier.

Commencée par le krach de la bourse de New York, en octobre 1929, une crise économique sévère va très vite s'étendre dans tout le monde occidental et, à cause du type d'économie qu'on y trouve, le Canada sera frappé d'une façon particulièrement dure. L'économie canadienne dépend, en effet, très fortement des exportations (papier journal, blé de l'Ouest), qui vont connaître une forte baisse et demeurer faibles pendant plusieurs années. Les effets de la crise vont se faire sentir pendant toute la durée des années 30, et ce n'est qu'avec le début de la Deuxième Guerre mondiale que la production industrielle dépassera le niveau de 1929. Le taux de chômage grimpe jusqu'à 27 %, en 1933, et reste élevé pendant toute la décennie. Certains secteurs d'activité ont été affectés plus durement que d'autres : c'est le cas notamment de la construction, où la presque totalité de la main-d'œuvre s'est retrouvée sans emploi.

Le pays ne dispose pas, à l'époque, d'un système de sécurité sociale qui permet de venir en aide à ceux qui en ont besoin ; on doit donc improviser. Deux types de mesures vont être instaurés : la mise en place de chantiers de travaux sociaux (par exemple, la construction du jardin botanique de Montréal), afin de donner de l'emploi aux chômeurs, et le « secours direct », assumé conjointement par le gouvernement fédéral, les provinces et les municipalités, dont le but est de permettre aux gens réduits à la misère de subvenir à leurs besoins les plus essentiels. À Montréal, en 1933, il y a plus de 60 000 chômeurs, ce qui fait, avec leurs dépendants, 250 000 personnes, soit 30 % de la population qui dépend de l'aide gouvernementale pour vivre.

Bien des gens, comme les époux Lacasse dans *Bonheur d'occasion*, voient leur vie brisée. Ils en sont réduits à se débrouiller comme ils peuvent, se faisant aider par leur famille lorsqu'elle est en mesure de le faire, adaptant l'alimentation à leurs maigres ressources, retaillant des vêtements, se privant d'envoyer les enfants à l'école, parce qu'ils n'ont pas les moyens de leur payer des chaussures ou des vêtements adéquats, étant incapables de les faire soigner s'ils tombent malades. Souvent, il faut déménager pour trouver un logement moins cher ; les loyers à prix modique sont rares et les logements se détériorent car les propriétaires n'entretiennent plus ceux que leurs locataires n'ont pas les moyens de payer. Dans certaines villes, dont Montréal, il se crée des bidonvilles.

Mais, pendant ce temps, d'autres s'enrichissent. Ceux qui ont conservé leur emploi profitent de la baisse des prix provoquée par la crise. La prospérité de quelques-uns contraste avec la misère des chômeurs. Par ailleurs, au cours des années 20, les biens de consommation avaient commencé à se multiplier, notamment les voitures, et les plus pauvres souffrent non seulement de manquer du nécessaire, mais de ne pas pouvoir s'offrir ces biens nouveaux qu'on étale sous leurs yeux, qu'on les pousse même à acheter. Toutes ces réalités sont représentées dans le roman de Gabrielle Roy. L'œuvre constitue en fait un portrait tout à fait fidèle et très détaillé de la réalité sociale d'un milieu et d'une époque.

La guerre

Le 1er septembre 1939, l'Allemagne envahit la Pologne, avec l'aide de l'Union Soviétique, alors son alliée. Puis le 3 septembre, la France et l'Angleterre déclarent la guerre à l'Allemagne : c'est le début d'une guerre qui finira par s'étendre à l'échelle de la planète. Le 10 septembre, le Canada entre à son tour en guerre contre l'Allemagne. La campagne de Pologne ne durera que trois semaines. En novembre, l'Union Soviétique attaque la Finlande. Puis, au cours de l'hiver 1939-1940, les combats sont interrompus sur le front européen : on appelle cette période la « drôle de guerre ». En avril, les combats reprennent : l'Allemagne envahit la Norvège et le Danemark, puis, en mai, passant par la Belgique, elle envahit la France. En quelques semaines, la France est vaincue et 335 000 soldats français et britanniques s'embarquent pour l'Angleterre à Dunkerque, à la fin mai.

Lors des élections provinciales de septembre 1939, les libéraux fédéraux,

L'action de Bonheur d'occasion *se déroule entre février et mai 1940, c'est-à-dire à l'époque de la « drôle de guerre », puis pendant la campagne de France, pour s'achever au moment de l'évacuation de Dunkerque.*

voulant se débarrasser de Duplessis, avaient fait la promesse que jamais il n'y aurait de conscription, c'est-à-dire d'enrôlement militaire obligatoire pour service outre-mer. Les Québécois s'étaient opposés à la conscription lors de la Première Guerre mondiale et ils étaient de nouveau contre l'idée de participer à une guerre qui revenait, selon eux, à se porter au secours de l'Angleterre.

Cependant, pour plusieurs, la guerre constituait aussi une sorte de « salut ». En effet, c'est l'industrie de guerre qui allait relancer l'économie et mettre fin au chômage. Par ailleurs, pour beaucoup de chômeurs, l'armée représentait la possibilité de s'assurer un revenu. C'est pourquoi bien des Québécois, bien qu'opposés à l'idée de se porter au secours de l'Angleterre, allaient tout de même s'enrôler. L'impact de la guerre sur la population du Québec de même que la question brûlante de la conscription sont évoqués de façon très précise dans *Bonheur d'occasion*.

> Le premier ministre Mackenzie King finira par tenir un référendum, en 1942, pour être libéré de sa promesse à propos de la conscription. Dans l'ensemble du Canada, 80 % votent pour la conscription, alors qu'au Québec, 71,2 % s'y opposent, dont 85 % des francophones.

Le contexte culturel

Les équipements culturels du Québec des années 30 et 40 sont très limités. Ainsi, le Québec ne possède que très peu de bibliothèques publiques. Sur les 642 bibliothèques publiques que compte le Canada en 1937, le Québec n'en a que 26, dont 17 de langue anglaise. Les librairies sont, elles aussi, peu nombreuses. Quand elles ne desservent pas le marché scolaire, elles sont, tout comme les maisons d'édition, liées au milieu nationaliste et au clergé.

La France, par exemple, s'était donné une telle loi dès 1880 et la province du Manitoba, en 1896.

Cette situation durera tant que l'école ne sera pas obligatoire au Québec. Elle ne le deviendra que par la loi de 1942, loi à laquelle s'était jusque-là opposée l'Église. La proportion des Québécois qui terminent leur cours primaire est de 24 % en 1929 et elle passe à 48 % en 1939, ce qui est encore bien peu.

Dans le domaine de la littérature et des arts, comme dans celui des idées et de la politique, cette époque est dominée par une élite traditionaliste, proche du clergé. Parmi les principaux penseurs de cette élite, figurent l'abbé Lionel Groulx et l'abbé Camille Roy. Conservation de la foi catholique et de l'héritage français, promotion de la terre, tels sont les grands thèmes de cette pensée dont l'essai et le roman sont les genres littéraires privilégiés. Le grand genre est le roman de la terre, genre créé au milieu du XIXe siècle, qui a donné beaucoup d'œuvres mineures et, dans les années 30 et 40, quelques œuvres de grande valeur : *Trente arpents*, *Menaud, maître-draveur* et *Le Survenant*. Cependant, celles-ci n'illustrent déjà plus le roman de la terre tel qu'on le concevait depuis *La Terre paternelle* de Patrice Lacombe (1846). Plutôt que de faire l'éloge de la vie sur la terre, les auteurs de ces œuvres cherchent à faire comprendre au lecteur que cette forme d'existence est entrée dans son déclin.

Fondateur du nationalisme traditionaliste québécois, Lionel Groulx (1878-1967) défend, selon ses propres mots, un Canada français « cramponné magnifiquement à son passé » et présente le catholicisme comme le « suprême régulateur de la vie sociale ».

Ambassadeur infatigable de la littérature canadienne-française, Camille Roy (1870-1943) est l'auteur du *Manuel d'histoire de la littérature canadienne de langue française* qui sera utilisé dans les écoles jusque dans les années 60.

Par ailleurs, quelques œuvres amorcent un renouveau, à la fois sur le plan du contenu et sur celui de la forme. Par exemple, des poètes comme Robert Choquette (*Metropolitan Museum*, 1931) ou Clément Marchand (*Les Soirs rouges*, 1939) innovent par leurs thèmes (l'universalisme, la ville). Mais, surtout, il y a le petit groupe d'écrivains et d'intellectuels de *La Relève*, une revue d'idées et de création fondée en 1934, qui rejette le discours idéologique et le traditionalisme officiel. Son représentant le plus illustre est le poète Saint-Denys Garneau (*Regards et jeux dans l'espace*, 1937), qui renouvelle la poésie québécoise, tant sur le plan des thèmes que de la forme. Alain Grandbois, autre grand poète québécois, publie également un premier recueil de poésie, *Poèmes*, à Hankéou, en Chine, en 1934, et Jean-Charles Harvey, romancier, exprime sa révolte dans un roman (*Les Demi-civilisés*, 1934) qui lui vaut la condamnation du clergé. Cependant, ces novateurs restent tous bien isolés et bien marginaux dans le Québec des années 30, quand ils n'ont pas carrément choisi de quitter le Québec, comme Alain Grandbois.

C'est la Deuxième Guerre mondiale qui va ouvrir le Québec sur le monde et lui apporter le vent de changement dont il a le plus grand besoin. Beaucoup d'écrivains, de peintres, de musiciens, de philosophes débarquent en effet à Montréal, fuyant l'Europe occupée. De nombreuses maisons d'édition voient le jour entre 1940 et 1944, afin de publier les œuvres que la France occupée n'est plus en mesure de publier. Bon nombre d'œuvres françaises, récentes et moins récentes, peu accessibles jusque-là à cause de la censure exercée par l'Église, vont le devenir. Ce contexte nouveau va

Il y aurait beaucoup à dire sur les écrivains et les artistes québécois qui ont choisi l'exil, soit temporairement, soit définitivement, comme Octave Crémazie et Louis Fréchette au XIXe siècle, comme les peintres Alfred Pellan, Paul-Émile Borduas et Jean-Paul Riopelle, les romancières Anne Hébert et Marie-Claire Blais, ou encore la cantatrice Emma Albani et le chef d'orchestre Wilfrid Pelletier.

favoriser la création d'œuvres québé-
coises nouvelles. Ainsi, les années 40 à
45 voient la parution des premières
œuvres des poètes Anne Hébert, Rina
Lasnier et Gilles Hénault, de même que
du premier recueil d'Alain Grandbois
publié au Québec (*Les Îles de la nuit*).
Dans le domaine du roman, Roger
Lemelin publie *Au pied de la pente douce*,
Yves Thériault, *Contes pour un homme
seul*, et Gabrielle Roy, *Bonheur d'occasion*.

La place de
Bonheur d'occasion

Bonheur d'occasion marque, dans l'histoire de la littérature québécoise, une
importante rupture. Jusque-là, en effet,
notre littérature était tournée vers le
passé. Par exemple, les genres du roman
historique et de la poésie patriotique y
étaient largement représentés. Le passé
symbolisait une sorte de paradis perdu,
qu'il s'agissait de faire revivre par la littérature. L'important était de préserver
l'héritage français ; l'important était,
comme le dit Louis Hémon, dans *Maria
Chapdelaine*, et comme le répète après lui
Félix-Antoine Savard, dans *Menaud,
maître-draveur*, qu'« au pays de Québec,
rien ne [devait] changer ». *Bonheur
d'occasion* rompt avec le passé et illustre
le présent le plus immédiat. L'action de
ce roman, probablement commencé dès
1941, se déroule en 1940.

Depuis le milieu du XIXe siècle, le
sujet de prédilection avait été, tant en
poésie que dans le roman, et jusque dans
la peinture, la terre, et ce, même si,

Bonheur d'occasion et son temps

Événements politiques		Événements littéraires
	1909	Naissance de Gabrielle Roy
Début de la crise économique	**1929**	
	1933	Claude-Henri Grignon, *Un homme et son péché*
	1934	Jean-Charles Harvey, *Les Demi-civilisés*
Loi pour promouvoir la colonisation	**1935**	
Maurice Duplessis (Union nationale), premier ministre du Québec, 1er mandat (1936-1939)	**1936**	
	1937	Saint-Denys Garneau, *Regards et jeux dans l'espace*
	1938	Ringuet, *Trente arpents*
Invasion de la Pologne par l'Allemagne (septembre) Début de la Deuxième Guerre mondiale Adélard Godbout (libéral), premier ministre du Québec (1939-1944) l'Union Soviétique attaque la Finlande (novembre)	**1939**	
L'Allemagne envahit le Danemark (avril) L'Allemagne envahit la France (mai-juin)	**1940**	
Maurice Duplessis (Union nationale), de nouveau premier ministre du Québec, (1944-1959)	**1944**	Roger Lemelin, *Au pied de la pente douce* Alain Grandbois, *Les Îles de la nuit*
Fin de la Deuxième Guerre mondiale	**1945**	**Gabrielle Roy, *Bonheur d'occasion*** Germaine Guèvremont, *Le Survenant*
	1947	*Bonheur d'occasion* reçoit le prix Fémina

comme nous l'avons vu, la réalité des Québécois était devenue celle de la ville. En choisissant de situer l'action de son roman dans la ville, Gabrielle Roy crée le roman québécois de la ville, avec Roger Lemelin. De ce point de vue, *Bonheur d'occasion* aura des descendants.

La littérature québécoise s'était surtout voulue, jusque-là, une littérature édifiante (à quelques exceptions près, dont *La Scouine* et *Trente arpents*). Il s'était agi de défendre une cause, la bonne cause, celle de la survivance du peuple québécois (qu'on appelait la « race » canadienne-française) ; de promouvoir les valeurs chrétiennes; de dénoncer le mal, le péché, la corruption, le matérialisme (présents en particulier dans les villes), et de valoriser le bien et la vertu. *Bonheur d'occasion*, au contraire, est une œuvre désenchantée. C'est une œuvre noire, où le mal triomphe et d'où l'espoir est absent, de même que la religion. Pourtant, une sorte de grandeur tragique et de poésie s'en dégagent. Gabrielle Roy laisse donc entrevoir que la littérature québécoise peut rompre avec les thèmes traditionnels et devenir bien autre chose qu'une simple entreprise d'édification morale.

Mémo

- De la fin du xixᵉ siècle à 1930, le Québec s'industrialise et s'urbanise à un rythme extrêmement rapide.

- En 1929, la crise économique éclate et ses effets se font sentir jusqu'au début de la Deuxième Guerre mondiale.

- En septembre 1939, l'invasion de la Pologne par l'Allemagne et l'Union Soviétique marque le début de la Deuxième Guerre mondiale, laquelle va relancer l'économie canadienne, mais poser aussi la question de la participation des Canadiens français au conflit.

- Publié en 1945, *Bonheur d'occasion* marque une profonde rupture avec une littérature édifiante, encore tournée vers le passé et attachée à la terre. À cause de cela, mais aussi à cause de la qualité de l'œuvre, le roman tient une place de tout premier plan dans la littérature québécoise.

Pistes de réflexion

- La description très détaillée que fait Gabrielle Roy de la réalité d'un milieu et d'une époque s'explique en grande partie par son expérience du journalisme.

- Si le réalisme social est un aspect très important de *Bonheur d'occasion*, celui de l'analyse psychologique ne l'est pas moins: l'auteur nous fait connaître en profondeur ses personnages, qui se révèlent souvent complexes.

La Petite Poule d'Eau (1950)

La famille Tousignant vit isolée sur une île, dans le nord du Manitoba, s'adonnant à l'élevage des moutons. Un jour, les Tousignant demandent au gouvernement une école pour leurs nombreux enfants, dans leur île. Pendant trois étés, on leur enverra successivement deux institutrices et un instituteur, qui vont changer à tout jamais la vie de ces gens simples. Puis, les enfants partiront un à un terminer leurs études au loin. La dernière partie du roman raconte la vie du père Joseph-Marie, un missionnaire qui a charge d'un vaste territoire dans le nord du Manitoba, dont fait partie l'île habitée par la famille Tousignant. Cet être simple et bon a remis sa vie entre les mains du Créateur. Le roman se termine sur une fête joyeuse réunissant, dans l'harmonie autour du père Joseph-Marie, des gens de toutes nationalités, dont les Tousignant. Autant *Bonheur d'occasion* dépeignait un enfer, autant *La Petite Poule d'Eau* nous présente, dans un récit où l'humour a aussi sa place, un véritable paradis.

Alexandre Chenevert (1954)

Alexandre est caissier dans une banque, à Montréal. Bien que marié et père d'une fille, Alexandre est un être seul, aigri, malheureux. C'est non seulement son destin personnel qui le fait souffrir, mais le sort du monde, qu'il croit devoir porter sur ses épaules. Et puis, un jour, il décide de prendre des vacances. Il va au bord d'un lac et là, il découvre le bonheur au contact de la nature. Lui qui souffre d'insomnie depuis des années peut enfin dormir. Mais, anxieux, il rentre chez lui avant même la fin de ses vacances. Le malheur s'abat alors sur lui pour ne plus le lâcher. On découvre qu'il manque une somme d'argent dans sa caisse, et il doit la rembourser. Puis la maladie le frappe, le cancer. Hospitalisé, il finit par mourir à l'hôpital. Alexandre a été un être simple et bon, mais incapable de vivre au milieu des hommes. Le

Gabrielle Roy et son œuvre

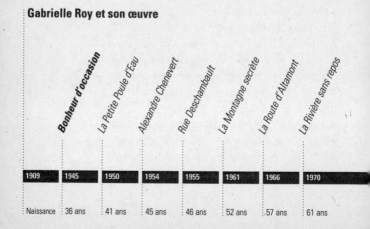

	Bonheur d'occasion	La Petite Poule d'Eau	Alexandre Chenevert	Rue Deschambault	La Montagne secrète	La Route d'Altamont	La Rivière sans repos
1909	1945	1950	1954	1955	1961	1966	1970
Naissance	36 ans	41 ans	45 ans	46 ans	52 ans	57 ans	61 ans

regard porté sur lui par l'auteur contient un mélange d'ironie et de pitié, d'humour et de tendresse tout à la fois.

Rue Deschambault (1955)

L'œuvre réunit dix-huit récits qui ont en commun un même décor : Saint-Boniface et les Prairies, et une même narratrice : Christine. À travers une série d'épisodes de sa vie — depuis sa petite enfance jusqu'à l'âge de 18 ans environ —, ainsi que de la vie des gens qui l'entourent, Christine se découvre elle-même, découvre le monde autour d'elle, en même temps que se révèle sa vocation d'écrivain. L'œuvre est largement autobiographique. L'intérêt de ces récits, c'est, comme pour beaucoup d'autres œuvres de Gabrielle Roy, dans sa manière unique de raconter, et dans son ton particulier, mélange de naïveté, de fraîcheur, d'émotion contenue, d'humour et de gravité.

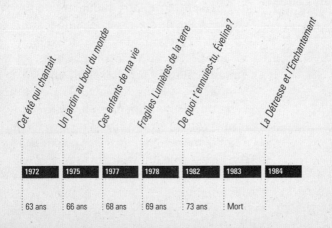

	Cet été qui chantait	Un jardin au bout du monde	Ces enfants de ma vie	Fragiles Lumières de la terre	De quoi t'ennuies-tu, Éveline ?		La Détresse et l'Enchantement
	1972	**1975**	**1977**	**1978**	**1982**	**1983**	**1984**
	63 ans	66 ans	68 ans	69 ans	73 ans	Mort	

Gabrielle Roy s'est liée d'amitié avec deux peintres, dont l'un lui inspirera le sujet d'un de ses romans (*La Montagne secrète*) : le peintre-trappeur René Richard, et dont l'autre illustrera certaines de ses œuvres : Jean Paul Lemieux. René Richard avait subi l'influence de Suzor-Coté et de Clarence Gagnon ; il appartient à ce qu'on appelle la peinture régionaliste. Quant à Lemieux, il est plus jeune que Richard, et si sa peinture est restée figurative, elle a fortement subi l'influence de la peinture moderne ; son art est aussi très personnel.

La Montagne secrète (1961)

C'est l'histoire d'un peintre autodidacte, qui mène d'abord une vie de trappeur dans le nord canadien. Un jour, il découvre une montagne que toute sa vie, ensuite, il cherchera à peindre. Pris dans une tempête, il poursuit un caribou, qu'il abat au couteau. À moitié mort, il est recueilli dans un village où il rencontre un missionnaire qui apprécie son art, le fait connaître et lui fait obtenir une bourse pour aller étudier en France. Cependant, il ne pourra s'habituer à la vie de Paris et finira par mourir seul, après avoir peint un autoportrait et un dernier tableau de sa montagne. Il s'agit d'un récit allégorique, sorte de méditation sur le créateur et son art.

La Route d'Altamont (1966)

C'est avec *Rue Deschambault* que cette œuvre présente le plus de ressemblances. On y retrouve la même narratrice, Christine, à travers quatre récits qui présentent quatre moments de sa vie, de l'âge de six ans à l'âge de jeune adulte. C'est sans doute le deuxième récit, intitulé « Le Vieillard et l'Enfant », qui est le plus beau. Un voisin, un vieil homme de 84 ans, emmène la petite Christine de huit ans, dans un voyage en train, voir le grand lac Winnipeg. Il s'agit d'une méditation, pleine de poésie, sur l'existence humaine, le temps et le pouvoir que la nature exerce sur l'âme des hommes.

La Rivière sans repos (1970)

Le livre qui contient *La Rivière sans repos* (roman) inclut aussi trois nouvelles esquimaudes. Les quatre récits ont un sujet commun : l'impact de la civilisation blanche sur la culture esquimaude. Par exemple, dans le premier récit, l'auteur nous fait comprendre que l'attitude des Esquimaux en face de la mort est différente de celle des Blancs, qui tentent de leur faire changer cette attitude. Anciennement, au moment où l'un des leurs s'apprêtait à mourir, les Esquimaux le conduisaient sur la banquise, où ils l'abandonnaient avec une petite provision de nourriture. Déborah souffre du cancer. On la convainc de se laisser transporter dans un hôpital du Sud pour être soignée, et là, son état s'améliore. Mais la nostalgie de l'Arctique devient telle qu'on finit par la renvoyer chez elle. Malgré les soins de son entourage, l'état de Déborah continue de se détériorer, jusqu'au jour où elle décide d'aller mourir seule sur la banquise, comme ses ancêtres. Dans *La Rivière sans repos*, Elsa, violée par un soldat américain, cherche à élever l'enfant blond d'allure si peu esquimaude qu'est son fils à la manière des Blancs, et celui-ci finira effectivement par s'en aller vivre dans le Sud. À la fin du roman, Elsa se remet à vivre comme vivait sa propre mère.

Cet été qui chantait (1972)

On est au bord du fleuve Saint-Laurent, dans Charlevoix. À travers dix-neuf récits brefs empreints de poésie et d'esprit quelque peu franciscain, l'œuvre célèbre la nature et les animaux. On est dans une sorte de paradis terrestre. Mais le mal est tout de même présent, représenté par ceux qui tuent les corneilles, ainsi que la mort, que l'on trouve dans deux récits remplis d'émotion : « Le jour où Martine descendit au fleuve » et « l'Enfant morte ».

Un jardin au bout du monde (1975)

Il s'agit d'un recueil composé de quatre nouvelles qui ont pour thème les immigrants, et dont certaines remontent aussi loin que l'époque de *Bonheur d'occasion*. La plus importante de ces nouvelles est celle qui donne son titre au recueil. C'est l'histoire d'une vieille Ukrainienne, Martha, qui vit seule avec son mari dans le nord de l'Alberta. Elle souffre d'un cancer. Son mari, quant à lui, ne lui adresse plus la parole, se contentant de grogner. Leurs enfants sont maintenant au loin et vivent en anglais, alors que les parents n'ont jamais appris cette langue. Mais Martha aime la vie, malgré toutes les misères qu'elle a connues. Son amour de la vie, elle l'exprime dans le jardin de fleurs qu'elle cultive avec amour, en attendant la mort. Son mari, lui, n'aime pas la vie, qui ne lui a apporté que déceptions, à commencer par l'émigration vers ce lointain pays, à cause de sa femme justement. C'est pourquoi il lui en veut de trouver du plaisir dans son jardin. Et puis, à la fin, un matin d'octobre, Martha s'aperçoit que son mari a couvert ses fleurs pour empêcher que le froid de la nuit ne les fasse mourir.

Ces enfants de ma vie (1979)

Présentée comme étant un roman, l'œuvre se compose de six récits. La narratrice, qui n'est pas nommée, est institutrice. Les cinq premiers récits portent chacun le nom d'un de ses élèves et lui est consacré. Le dernier compte parmi les plus belles pages écrites par Gabrielle Roy. Il s'intitule : « De la truite dans l'eau glacée ». Médéric, âgé de 14 ans, devient amoureux de son institutrice, elle-même à peine âgée de 18 ans. Le sujet du récit est le passage de l'enfance à l'âge adulte, que Gabrielle Roy décrit avec beaucoup de finesse.

De quoi t'ennuies-tu, Éveline ? suivi de Ely ! Ely ! Ely ! (1984)

Le plus important des deux récits est le premier. Il raconte le voyage en autobus accompli par Éveline, depuis le Manitoba jusqu'en Californie, pour se rendre au chevet de son frère mourant. Lorsqu'enfin elle arrive chez lui, celui-ci vient de mourir. Elle va découvrir quelle a été sa vie et celle de sa famille. Son frère a réussi à constituer autour de lui une sorte de paradis.

La Détresse et l'Enchantement (1984)

Il s'agit de l'autobiographie inachevée de Gabrielle Roy. Elle commence par la description de la vie de ses parents et se poursuit par le récit de son enfance, de ses études, de son travail comme institutrice, de son premier séjour en

Europe, pour se terminer à Montréal, vers 1940, au moment où elle s'apprête à entreprendre *Bonheur d'occasion*. Le récit oscille entre un fond de désespoir, presque partout présent, et l'amour que l'auteur porte aux personnes qui l'entourent, amour qui s'exprime en des dizaines de portraits, où l'on a l'impression de découvrir l'âme même de ces êtres.

L'œuvre de Gabrielle Roy comprend aussi un recueil de textes divers, dont certains des reportages publiés dans le *Bulletin des agriculteurs*, ainsi que le texte sur Terre des hommes. Ce recueil s'intitule *Fragiles Lumières de la terre*. Et il y a un recueil de lettres à sa sœur Bernadette et deux contes pour enfants.

Le temps qui m'a manqué, suite inédite de *La Détresse et l'Enchantement* (1997)

On est en 1943, la mère de Gabrielle Roy vient de mourir et elle se rend au Manitoba pour les funérailles. Puis, elle rentre à Montréal pour repartir aussitôt pour la Gaspésie, où elle va continuer de travailler à *Bonheur d'occasion*. Toutes ces pages sont marquées par la mort de sa mère, qui l'a laissée dans un état de profonde tristesse, et même d'abattement. Ces pages sombres sont d'une grande beauté.

« Au-delà s'ouvraient des rues à maisons basses, s'enfonçant de chaque côté vers les quartiers de grande misère, en haut vers la rue Workman et la rue Saint-Antoine, et, en bas, contre le canal de Lachine où Saint-Henri tape les matelas, tisse le fil, la soie, le coton, pousse le métier, dévide les bobines, cependant que la terre tremble, que les trains dévalent, que la sirène éclate [...] » (p. 35-36)

« [Dans] une large échancrure du faubourg, apparaît la ville de Westmount échelonnée jusqu'au faîte de la montagne dans son rigide confort anglais. [...] Ici, le luxe et la pauvreté se regardent inlassablement, depuis qu'il y a Westmount, depuis qu'en bas, à ses pieds, il y a Saint-Henri. Entre eux s'élèvent des clochers. » (p. 36)

« — Ben quiens ! reprit l'homme à tête chafouine, c'est la soupe pour les vieillards, la Saint-Vincent-de-Paul et pis le chômage ; un tiers de la population sur le secours direct et des pauvres diables qui travaillent dans les rues à treize cennes de l'heure pendant quatre, cinq jours au printemps. La v'là, la démocratie ! » (p. 45)

« C'était un flot las, pressé, qui roulait sans tumulte vers le repos du soir [...] Maçons blanchis de chaux, menuisiers chargés de leurs coffres, ménagères se hâtant au logis avant l'arrivée du mari, ouvriers en casquette et portant leur boîte à lunch sous le bras, fileuses, ouvrières des fabriques de cigarettes, lamineurs, puddleurs, gardiens, contremaîtres, vendeurs, boutiquiers [...] » (p. 77)

« Alors, [Florentine] comprit l'amour : ce tourment à la vue d'un être, et ce tourment plus grand encore quand il a disparu, ce tourment qui n'en finit plus. » (p. 147)

« Alors Florentine s'aperçut qu'elle était seule au monde avec sa peur. Elle entrevit la solitude, non seulement sa solitude à elle, mais la solitude qui guette tout être vivant, qui l'accompagne inlassablement, qui se jette soudain sur lui comme une ombre, comme un nuage. Et pour elle, la solitude, cet horrible état qu'elle découvrait, prenait un goût de pauvreté, car elle s'imaginait encore que dans le luxe, dans l'aisance même, il n'y a point de pareille découverte. » (p. 261-262)

Le journalisme

C'est pendant son séjour en Angleterre que Gabrielle Roy a décidé de devenir écrivain. Elle rentre au Canada au printemps de 1939 et, plutôt que de retourner au Manitoba, elle décide de s'installer à Montréal. Elle a 30 ans, vient de passer dix-huit mois en Europe, a été auparavant institutrice au Manitoba pendant huit ans et elle a déjà écrit quelques nouvelles et textes divers, dont quelques-uns ont été publiés dans des périodiques. Pour gagner sa vie, elle choisit le métier de journaliste.

Pendant des mois, elle mène une existence difficile, devant à l'occasion faire appel à la générosité de ses amis. Elle publie d'abord des textes dans la page féminine du journal *Le Jour*, dirigé par Jean-Charles Harvey, l'auteur des *Demi-civilisés*, puis des nouvelles dans la *Revue moderne*. En juin 1940, elle fait ses débuts au *Bulletin des agriculteurs*, où elle publie d'abord des nouvelles, puis surtout des reportages.

En 1941, elle rédige quatre articles sur la ville de Montréal. Ces articles sont parmi les premiers de sa carrière de reporter au *Bulletin des agriculteurs*. Cette carrière va se poursuivre avec succès jusqu'en 1945. Les articles sur Montréal sont peut-être à l'origine de *Bonheur d'occasion*, dont ils annoncent en tout cas certaines descriptions. Entre-temps, elle a obtenu un emploi au *Bulletin*. Selon son contrat, elle doit livrer à la revue un reportage par mois. Elle passe l'été et l'automne à voyager pour recueillir sa documentation et elle consacre l'hiver et le printemps à rédiger ses articles. Lorsque son travail pour le *Bulletin* est terminé, elle peut disposer à son gré du temps qu'il lui reste : elle consacrera la plus grande partie de celui-ci à écrire *Bonheur d'occasion*.

L'élaboration du roman

Elle habite à cette époque rue Dorchester (aujourd'hui boulevard René-Lévesque), à deux pas de Saint-Henri. Selon François Ricard, c'est au printemps de 1940 ou de 1941 qu'elle découvre le quartier, au cours d'une de ses promenades dans Montréal. Elle éprouve alors un choc et y retournera des centaines de fois, observant, écoutant, prenant des notes. Quand commence-t-elle à écrire son roman ? Il n'existe aucun document qui permette de fixer la date du début de l'écriture de *Bonheur d'occasion*, mais il se peut que ce soit aussi tôt qu'au printemps ou à l'été 1941, c'est-à-dire au lendemain du grand reportage sur Montréal.

À l'origine, semble-t-il, l'œuvre ne devait être qu'une nouvelle, mais elle a fini par prendre les proportions d'un vaste roman. On sait qu'il a existé au moins deux versions complètes du manuscrit de l'œuvre. La première, terminée au printemps 1943, comptait quelque 800 feuillets. La version définitive, terminée en mai ou juin 1944, en comptait 499. Entre-temps, Gabrielle Roy a retravaillé l'ensemble de son manuscrit, chapitre par chapitre, certains ayant même été récrits en entier jusqu'à six ou sept fois, et certains passages, très réussis selon son ami Henri Girard, ayant tout simplement été supprimés, parce que leur ton ne correspondait pas à celui de l'ensemble de l'œuvre.

La publication

Écrit quelques années auparavant, il n'est pas sûr du tout que ce roman eût pu trouver un éditeur. En effet, les maisons d'édition étaient alors contrôlées par le milieu clérico-nationaliste. Un roman dans lequel la religion est à peu près absente et dont l'une des scènes décrit un viol, un roman aussi noir, aussi désespéré n'eût probablement pas été accepté par les éditeurs de l'époque. Mais la guerre avait ouvert le Québec sur le monde et permis la création de nombreuses nouvelles maisons d'édition d'esprit bien différent. C'est l'une d'elles qui a publié *Bonheur d'occasion* : la Société des Éditions Pascal, dirigée par Gérard Dagenais.

Né vers 1900, Henri Girard fut journaliste et critique d'art. C'est lui qui fit entrer Gabrielle Roy à la *Revue moderne* et au *Bulletin des agriculteurs*. Homme cultivé, esprit libre, ses idées politiques en font un libéral avancé et, dans le domaine artistique, il est ouvert aux tendances nouvelles. Il fut très proche de Gabrielle Roy à l'époque où elle écrivait *Bonheur d'occasion*.

La réception

Terminé vers le mois de mai ou de juin 1944 et devant paraître à la fin d'octobre, le roman ne sortira en fait qu'en juin 1945. Gabrielle Roy a alors 36 ans. Le roman connaît tout de suite le succès. En septembre 1946, soit un peu plus d'un an après sa parution, on en est déjà au quatrième tirage à Montréal, ce qui représente plus de 11 000 exemplaires vendus. En juin de la même année, Gabrielle Roy obtient un prix de l'Académie française. Quelques mois plus tard, c'est l'Académie canadienne-française qui l'honore.

Mais c'est des États-Unis que viendra le succès le plus éclatant. Le *Literary Guild of America*, le plus prestigieux club du livre des États-Unis, fait de la traduction anglaise de l'œuvre son roman du mois, en mai 1947, ce qui entraîne un tirage de 700 000 exemplaires. Puis, Universal achète les droits du livre pour le cinéma, quoique le film ne sera tourné que bien plus tard, et pas par les Américains.

Enfin, en automne 1947, le roman sort à Paris et vaut à son auteur le prix Fémina, l'un des trois grands prix littéraires français. Du jour au lendemain, la petite journaliste inconnue du *Bulletin des agriculteurs* a acquis une réputation internationale et est devenue le plus important écrivain du Québec. Ce succès a des retombées sur le tirage du roman à Montréal : en décembre 1947, celui-ci atteint 25 000 exemplaires. En plus d'être connu au Canada anglais, aux États-Unis et en France, son roman, déjà traduit en anglais, sera aussi traduit en norvégien, en danois, en espagnol, en roumain, en slovaque et en russe.

Au Québec, les chiffres du tirage indiquent bien quelle a été la réaction du grand public : 25 000 exemplaires est un chiffre très important pour le Québec de l'époque. La réaction des écrivains est enthousiaste. Des romanciers comme Rex Desmarchais, Robert Charbonneau, Roger Lemelin et d'autres se réjouissent de l'émergence d'une œuvre qui prouve, comme l'écrit Rex Desmarchais, que les Canadiens français sont « à la mesure d'un rôle international ». Au Canada anglais, même enthousiasme, pour les mêmes raisons. Par contre, il existe des gens, au Québec, peu nombreux il est vrai, dont la réaction est bien différente : ils déplorent l'image des Canadiens français que le roman projette dans le monde.

Romancier né à Montréal (1908-1974), auteur notamment de *La Chesnaie* (1942), Rex Desmarchais a profondément influencé le roman social canadien-français en mettant l'accent sur l'individu et l'analyse psychologique.

Mémo

- *Bonheur d'occasion* marque une importante rupture dans l'histoire du roman québécois, soit le passage du roman du terroir, tourné vers le passé, au roman de la ville, centré sur le présent. Que ce soit précisément Gabrielle Roy qui ait accompli cette rupture s'explique sans doute par le fait qu'elle n'était pas Québécoise d'origine, qu'elle avait fait un séjour en Europe et que son œuvre a été écrite et publiée pendant la guerre.

Des lecteurs qui connaissent très bien Saint-Henri m'ont [...] écrit que j'avais dû vivre dans le quartier. Il n'en est rien, mais je m'y suis souvent promenée, m'installant fréquemment et des heures durant dans un petit restaurant, près d'un vendeur ambulant de hot-dogs ou dans un débit équipé d'un juke-box [...] Gabrielle Roy, «Ma rencontre avec les gens de Saint-Henri», *Cahiers franco-canadiens de l'Ouest*

Mémo (suite)

- L'œuvre est le fruit de longues, patientes et minutieuses observations. Gabrielle Roy a travaillé comme le faisaient les romanciers réalistes et naturalistes. Elle s'est documentée, a observé, pris des notes, écouté des conversations dans la rue et les restaurants. François Ricard a fait observer que la journaliste annonçait la romancière qu'elle allait devenir : certains êtres et certaines scènes des reportages préfigurent des personnages et des scènes de ses romans. Mais, à l'inverse, la romancière de *Bonheur d'occasion* doit aussi beaucoup à la journaliste qu'elle a d'abord été : les lieux du roman sont des lieux réels, nommés et décrits avec précision ; le contexte économique, social, politique et historique est évoqué, lui aussi, avec précision ; la langue parlée par les personnages et le contenu de leurs conversations sont très justes.

Pistes de réflexion

- Chez Balzac, romancier de l'ambition et de l'ascension sociale, il y a fréquemment un jeune homme ambitieux qui se détourne d'une jeune fille appartenant à un milieu modeste, attiré par une femme riche et bien en vue dans le monde. On peut imaginer Jean Lévesque faisant de même, après s'être éloigné de Florentine.

- *Bonheur d'occasion* pourrait être rapproché d'autres œuvres qui traitent de la ville industrielle moderne, tels les romans d'Émile Zola ou *Poussière sur la ville* d'André Langevin.

Mémo

MOMENTS TOURNANTS DE L'INTRIGUE :

Première rencontre de Florentine et Jean Lévesque (ch. I)

Première sortie au restaurant de Florentine et Jean ; le baiser sur les yeux (ch. VI)

Soirée de Florentine chez les parents d'Emmanuel (ch. X)

Voyage à la campagne de la famille Lacasse (ch. XV)

Séduction de Florentine (ch. XVI)

Détresse de Florentine (scène avec sa mère) (ch. XXII)

Demande en mariage de Florentine par Emmanuel (ch. XXIX)

Accouchement de Rose-Anna (ch. XXXI)

Départ d'Emmanuel ; Florentine restée seule (ch. XXX)

Piste de réflexion

- Il y a une intéressante comparaison à faire entre *Bonheur d'occasion* et *Au pied de la pente douce*, les deux premiers romans de la ville de la littérature québécoise.

Chapitre	Temps	Lieu	Intrigue
I	Vers midi, une journée de la fin de février 1940.	Restaurant du *Quinze cents*, un magasin à rayons du quartier ouvrier de Saint-Henri.	Florentine Lacasse, serveuse au restaurant, revoit Jean Lévesque, qui est déjà venu manger à quelques reprises au cours des derniers jours et lui a laissé entendre qu'il la trouvait jolie. Jean lui propose un rendez-vous pour le soir même, mais elle laisse son invitation sans réponse.
II	Même jour, le soir, entre six et huit heures.	Rues de Saint-Henri; appartement de Jean Lévesque; de nouveau, rues de Saint-Henri.	Rentrant de son travail, Jean pense à Florentine. Il se rend au lieu du rendez-vous, afin de voir si elle s'y présentera, mais reste caché dans l'entrée d'un magasin. Florentine arrive, semble chercher quelqu'un. Puis des amies à elle se présentent et elle repart avec elles.
III	Même soir, vers huit heures.	Les *Deux Records*, un casse-croûte de Saint-Henri.	Le patron et les clients discutent de la guerre et de la possibilité de la conscription. Jean, assis en retrait, écoute leur conversation, puis reconnaît le père de Florentine dans un des clients. Il se joint à leur discussion.
IV	Même soir, un peu plus tard.	Chez la mère Philibert, un petit restaurant du quartier Saint-Henri; rues de Saint-Henri; une taverne.	Emmanuel, vêtu en soldat, fait son entrée chez la mère Philibert. Ses amis Pitou, Boisvert et Alphonse l'accueillent avec une certaine gêne, à cause de l'uniforme. La discussion s'engage. Les amis d'Emmanuel ont de la difficulté à accepter qu'une société qui ne leur a rien donné (ils sont tous chômeurs) ose aujourd'hui leur demander de se porter à sa défense. Mais Emmanuel pense que cette guerre, justement, va changer les choses, qu'elle va mettre fin au pouvoir de l'argent. Puis, Emmanuel sort du restaurant et rencontre, dans la rue, son ami Jean Lévesque. Ils vont dans une taverne. Contrairement à Emmanuel, Jean pense qu'il vaut mieux rester au pays et faire partie de ceux qui tireront profit de la guerre. Jean propose à Emmanuel de lui présenter une jeune fille dont il vient de faire la connaissance : il s'agit de Florentine.
V	Même soir.	Appartement des Lacasse, famille de Florentine.	Eugène, frère de Florentine, rentre à la maison. Il annonce à sa mère, atterrée, qu'il vient de s'enrôler; il en avait assez du chômage. Il promet de lui donner vingt dollars par mois pour aider les siens.
VI	Le lendemain, vers six heures.	Devant le *Quinze cents*, dans la rue; un restaurant du centre-ville, peut-être rue Sainte-Catherine; rues de Saint-Henri, à proximité de la rue où habitent les Lacasse, puis devant leur maison.	Jean a attendu Florentine à la sortie du *Quinze cents*. Il veut s'excuser pour le rendez-vous de la veille, mais elle lui répond qu'elle n'avait pas pris son invitation au sérieux. Puis, il l'entraîne au restaurant. Après le repas, il la reconduit chez elle et, la prenant dans ses bras, l'embrasse sur les yeux. Florentine en est toute transportée. Rentrée chez elle, elle n'entend pas ce que sa mère lui dit, jusqu'au moment où elle comprend que celle-ci est de nouveau enceinte, à plus de quarante ans. Cette nouvelle ramène Florentine sur terre pendant un moment. Puis, elle se met au lit et s'endort en repensant au baiser de Jean sur ses yeux.

VII	Un matin du début de mars, quelques jours plus ta'd.	Appartement des Lacasse, rues de Saint-Henri.	Azarius, le père de Florentine, a quitté son emploi de chauffeur de taxi et Rose-Anna profite de ce qu'il est à la maison pour partir à la recherche d'un logement. Chaque printemps, les Lacasse déménagent.
VIII	Le même jour, vers midi.	Restaurant du *Quinze cents*.	Jean et Emmanuel sont venus manger au *Quinze cents*. Jean pousse Emmanuel à inviter Florentine à sortir avec lui. Il brûle de dire devant elle combien il est facile de l'inviter à sortir, mais il se retient de le faire. Emmanuel finit par inviter Florentine à venir chez lui à une petite fête que ses parents organisent à l'occasion de son départ. Croyant que Jean y sera, Florentine accepte.
IX	Le même jour, tout de suite après.	Restaurant du *Quinze cents*.	Après le départ d'Emmanuel et Jean, Florentine voit arriver sa mère. Elle la convainc de manger au restaurant. Voulant lui faire plaisir, elle lui donne deux dollars.
X	Le lendemain soir, un samedi.	L'appartement des Létourneau, famille d'Emmanuel, place Sir-Georges-Étienne-Cartier.	Florentine, qui avait espéré jusqu'au dernier moment que Jean l'accompagnerait chez Emmanuel, s'y est finalement rendue seule. Les parents d'Emmanuel appartiennent à la petite bourgeoisie. Le père ne semble pas trouver Florentine digne de son fils. Florentine est mal à l'aise dans ce milieu. Emmanuel se montre empressé auprès d'elle. Puis vient le moment de danser, et tous deux prennent plaisir à danser ensemble. Emmanuel se montre de plus en plus ardent, alors que Florentine continue de penser à Jean, qui décidément ne viendra pas.
XI	Tôt le dimanche matin.	Dans la rue, dans une église; dans un taxi, jusque chez les Lacasse.	Au petit matin, les jeunes gens décident d'assister à la messe, avant d'aller se coucher. Après la messe, Emmanuel reconduit Florentine. Au moment de la quitter, il lui demande si elle accepte de devenir son «amie de fille». Florentine lui répond qu'elle a le temps d'y penser.
XII	Un soir, environ une semaine plus tard.	Restaurant les *Deux Records*, appartement des Lacasse.	En plus du patron, Sam Latour, et de sa femme, il n'y a que deux clients aux *Deux Records*: Azarius et un maçon. Azarius parle avec celui-ci de l'heureuse époque où il exerçait son métier de menuisier. Depuis, il a tâté de cinquante-six métiers, vivant de l'assistance publique entre deux emplois. Les Latour apprennent à Azarius qu'un certain Lachance cherche un chauffeur de camion. Puis, Azarius rentre chez lui: le petit Daniel est malade. Il apprend à sa femme que Lachance cherche un chauffeur de camion et celle-ci lui dit d'aller le voir sans tarder. Devant son hésitation, elle décide d'y aller elle-même le soir même. Resté seul, Azarius pense à sa vie de misère: il en a assez; il voudrait partir, fuir le plus loin possible, n'importe où.
XIII	Un samedi soir, deux semaines plus tard.	Appartement des Lacasse.	Azarius a recommencé à travailler. Les enfants sont couchés et Rose-Anna est seule avec Florentine. Celle-ci n'a plus revu Jean depuis qu'il est venu au restaurant avec Emmanuel, il y a trois semaines. Vers huit heures, Azarius rentre. Il dit que son patron lui a laissé le camion et qu'ils vont pouvoir aller à la

Chapitre	Temps	Lieu	Intrigue
			campagne rendre visite à la famille de Rose-Anna : celle-ci est transportée de joie. Les enfants se réveillent, et tous se réjouissent à l'idée de ce petit voyage. Mais Florentine annonce qu'elle n'ira pas avec eux et elle sort.
XIV	Le même soir, un peu plus tard.	Rues de Saint-Henri, un restaurant ; de nouveau dans les rues.	Florentine attend Jean à la sortie de son travail. Elle lui demande pourquoi il n'est plus revenu la voir et il lui répond qu'il n'est pas son «ami de garçon», qu'elle devrait plutôt s'intéresser à Emmanuel. Il finit par l'emmener au restaurant. À la sortie du restaurant, Florentine invite Jean à venir chez elle le lendemain, elle sera seule à la maison. Puis, elle lui déclare qu'elle l'aime. Jean finit par dire qu'il ira peut-être la voir le lendemain, s'il ne travaille pas toute la journée.
XV	Le lendemain, un dimanche.	Maison paternelle de la famille de Rose-Anna, à Saint-Denis, un village le long de la rivière Richelieu.	Le voyage de Rose-Anna à la campagne ne lui apporte que déceptions. Son frère, sa belle-sœur et sa mère la blessent tour à tour par des remarques désagréables. Rose-Anna avait rêvé qu'elle irait marcher dans l'érablière, mais elle reste à l'intérieur de la maison, sa mère trouvant qu'aller marcher dans la neige n'est pas une chose à faire pour une femme dans son état.
XVI	Le même jour.	Appartement des Lacasse.	Jean s'est rendu chez les Lacasse. Florentine se comporte avec une certaine prudence, évitant de se trouver trop près de lui. Jean pense à son enfance : orphelin, il avait été privé d'amour et s'était replié en lui-même ; puis, un jour, il avait fui la maison de ses parents adoptifs et décidé de faire seul sa vie. Après quelque temps, il décide de sortir et propose à Florentine de l'accompagner, tout en la saisissant par les poignets et en passant ses bras autour d'elle. Il finit par la pousser sur un canapé...
XVII	Plus tard, le même jour, jusque tard dans la nuit.	Rues de Saint-Henri, appartement de Jean.	Après être sorti de chez les Lacasse, Jean marche dans les rues. Il pense à ce qui vient d'arriver entre Florentine et lui : il a peur d'avoir perdu sa liberté. Il veut maintenant oublier Florentine. Décidé à quitter Saint-Henri, il rentre chez lui, fouille dans ses papiers, trouve une formule de demande d'emploi portant l'en-tête d'une usine de munitions et la remplit.
XVIII	Quelques semaines plus tard, vers le 10 avril.	Avenue des Cèdres, sur le Mont-Royal : un hôpital pour enfants.	Rose-Anna se dirige vers l'hôpital pour enfants, sur la montagne, où elle s'en va voir le petit Daniel, et elle pense à tous les malheurs qui leur sont arrivés depuis quelques semaines. Au retour du voyage à Saint-Denis, Azarius a eu un accident et a été congédié : il avait emprunté le camion sans permission. Rose-Anna a aussi appris qu'un jeune homme était venu rendre visite à Florentine pendant leur absence. Ensuite, la maladie du petit Daniel s'est aggravée et il a fallu le faire hospitaliser. Il souffre de leucémie,

	Temps	Lieu	Résumé
XIX	Même jour, un peu plus tard.	Rues de Saint-Henri; appartement des Lacasse.	mais Rose-Anna ne sait pas qu'il va mourir. À l'hôpital, elle lui trouve l'air apaisé, mais, au moment de le quitter, elle a un cruel pressentiment.
XX	Même jour, un peu plus tard.	Rues de Saint-Henri; les *Deux Records*; dans la rue, place d'Armes.	Sur le chemin du retour, Rose-Anna apprend que les Allemands viennent d'envahir la Norvège. Elle pense alors à Eugène avec inquiétude. Rentrée chez elle, il est justement là qui l'attend. Il lui a fait parvenir, pour la première fois du mois, les vingt dollars promis, mais il vient aujourd'hui lui emprunter de l'argent. Sitôt sorti, Eugène se rend téléphoner à une certaine Yvette, avec qui il prend rendez-vous pour le soir même. En attendant, il va passer le temps aux *Deux Records*; on y discute de la guerre et de la conscription. Puis, il se rend à son rendez-vous, place d'Armes.
XXI	Un soir, au début de mai, vers six heures.	Rues de Saint-Henri; immeuble où habitait Jean Lévesque, rue Saint-Ambroise; un restaurant.	Rentrant de son travail, Florentine a décidé de passer chez Jean. Elle veut lui dire qu'elle croit être enceinte de lui. Depuis ce dimanche où il est venu chez elle, elle ne l'a plus revu. Désemparée à l'idée qu'elle puisse être enceinte, elle éprouve une intense solitude. Cherchant dans ses souvenirs des preuves de tendresse de la part de Jean envers elle, elle n'en trouve pas. Elle n'a personne vers qui se tourner. Rendue chez Jean, elle apprend qu'il est parti sans laisser d'adresse. Un peu plus tard, elle entre dans un petit restaurant. Elle repense à sa mère et se dit que c'est peut-être d'elle qu'un secours peut venir.
XXII	Plus tard, le même soir.	Appartement des Lacasse.	Rentrée chez elle, Florentine constate que la maison est pleine d'objets inconnus : ce sont les nouveaux locataires, avec leurs affaires; mais les siens sont toujours là, n'ayant pas encore trouvé de logement. Sa mère l'accueille avec l'évocation de tous leurs malheurs: ils n'ont pas de logement et Daniel est à l'hôpital. Florentine voulait se confier à elle, mais celle-ci est toute à ses autres malheurs. Puis, pendant un instant, Rose-Anna croit deviner ce qui est arrivé à sa fille. Florentine baisse alors les yeux et, lorsqu'elle porte de nouveau son regard vers sa mère, un regard implorant, celle-ci a détourné la tête. Florentine quitte la maison sans lui avoir parlé.
XXIII	Encore plus tard, le même soir.	Rues de Saint-Henri; maison habitée par son amie Marguerite et la tante de celle-ci.	Sortie sans savoir où elle irait, Florentine pense à Marguerite, une compagne de travail : elle décide de se rendre chez elle. Marguerite voit bien dans quel état d'affolement se trouve Florentine. Elle finit même par deviner la vérité et veut aider Florentine, mais celle-ci nie tout. Elle dit être juste fatiguée et demande à Marguerite de la laisser seule, afin de pouvoir dormir. Elle reste éveillée toute la nuit, plongée dans l'angoisse. Au matin, sa décision est prise: elle ne va avouer son secret à personne et va attendre, espérant que quelque miracle finira par se produire.

Chapitre	Temps	Lieu	Intrigue
XXIV	La même nuit, depuis dix heures du soir jusqu'à l'aube du lendemain.	Appartement des Lacasse, puis déménagement jusqu'à leur nouveau logis.	Azarius a trouvé un nouveau logement et Rose-Anna veut déménager le soir même. Au moment de partir, elle laisse un mot à Florentine. Lorsque les Lacasse parviennent à leur nouvelle maison, ils ne peuvent pas la voir, car ils ont oublié les ampoules. Un peu après minuit, la maison se met à trembler : c'est un train. Rose-Anna se dit cependant que cette maison doit bien avoir aussi des avantages, que l'on sera à même de constater au matin. Azarius a de la difficulté à s'endormir : l'échec de son existence lui pèse de plus en plus ; il finit toutefois par s'endormir. Bien avant l'aube, Rose-Anna se lève et se met à laver les planchers.
XXV	Vers neuf heures, un samedi soir, environ deux semaines plus tard.	Gare de Saint-Henri; appartement des Létourneau; ancien appartement des Lacasse; nouvel appartement des Lacasse; chez Marguerite.	Emmanuel descend du train à la gare de Saint-Henri. Il a très envie de revoir Florentine, mais va d'abord saluer sa famille. Puis, il se rend rue Baudouin, pour découvrir que les Lacasse ont déménagé. Leur adresse en main, il se rend à leur nouvelle demeure : Florentine n'est pas rentrée. Rose-Anna suggère à Emmanuel de passer chez son amie Marguerite. Il s'y rend, mais Florentine n'est pas là non plus.
XXVI	Le même soir, plus tard.	Aux *Deux Records*; rues de Saint-Henri.	Emmanuel se rend aux *Deux Records*. Azarius, le père de Florentine, est là. Le sort de la France, en train d'être envahie par les Allemands, l'attriste profondément; il envie Emmanuel d'être soldat. Emmanuel quitte ensuite le restaurant pour errer par les rues. Il se demande ce qui l'a poussé à s'enrôler. Vers onze heures, il se rend à la sortie d'un cinéma, pensant que peut-être Florentine y sera allée, mais il ne l'y trouve pas. Il la verra donc le lendemain, mais il ne veut pas rentrer chez lui tout de suite et décide d'aller chez la mère Philibert.
XXVII	Toujours le même soir, plus tard.	Chez la mère Philibert; rues de Saint-Henri.	Seul Alphonse, devenu plus amer, se trouve dans le petit restaurant. Il lui apprend que Boisvert s'est trouvé un emploi et qu'il va se marier, échappant ainsi à la conscription. Mais il ne sait pas ce qu'est devenu Pitou. Quant à lui, il est toujours chômeur. Puis, Alphonse entraîne Emmanuel au dehors. Il est sorti quelques fois avec Marguerite. Elle lui a déjà prêté de l'argent et même payé des vêtements. Ce soir, il l'avait invitée au cinéma, mais il n'est pas allé à son rendez-vous, n'ayant pas l'argent nécessaire. Puis, il se met à lui parler du dépotoir de la Pointe-Saint-Charles. Des gens s'étaient mis à y vivre, ils s'y trouvaient bien. Des fonctionnaires de l'hygiène publique sont venus et les ont chassés, mais eux se sont empressés d'y retourner. Emmanuel a compris que parmi ces gens il y avait le père d'Alphonse. Alphonse poursuit en disant qu'un jour il a voulu s'enrôler lui aussi, mais qu'on n'a pas voulu de lui, à cause de son manque d'instruction et de sa mauvaise santé.

XXVIII	Le même soir, plus tard.	Rues de Saint-Henri ; rues de Westmount, sur le flanc du mont Royal.	Alphonse l'ayant quitté, Emmanuel décide de gravir la montagne, vers Westmount. La rencontre d'Azarius et d'Alphonse a ralenti son élan vers l'idéal. Pourquoi, au fond, a-t-il décidé de s'enrôler ? Il ne le sait plus. À l'entrée de Westmount, rue Sainte-Catherine, il rencontre Pitou, vêtu en soldat. Pitou est heureux de sa nouvelle vie et Emmanuel trouve triste de voir Pitou reprendre vie grâce à la guerre. Il poursuit son ascension dans Westmount. Il a l'impression que l'injustice sociale se poursuit jusque dans la guerre : ce sont les pauvres qui iront donner leurs vies sur les champs de bataille — et pas les riches. Il éprouve alors un intense sentiment de solitude, puis il repense à Florentine.
XXIX	Le lendemain, un dimanche.	Sur le bord du fleuve, aux environs de Lachine.	Le matin, Emmanuel a rencontré Florentine à l'église. Ils ont ensuite marché ensemble en direction de Lachine. Florentine avait résolu de se laisser aimer par Emmanuel, mais de la difficulté à y parvenir. Emmanuel sent qu'il y a une distance entre eux et, par moments, il regrette d'avoir voulu retrouver Florentine. Puis, à un certain moment, Florentine a mis sa joue contre la sienne et posé un doigt sur ses lèvres : ce geste a balayé les craintes d'Emmanuel. Ils s'assoient au bord de l'eau et la nuit vient, qui les rapproche. Emmanuel finit par demander Florentine en mariage : ils pourront se marier dans quelques jours. Mais les choses sont allées bien vite et Emmanuel craint la séparation qui va suivre leur mariage. Quant à Florentine, elle pense qu'elle est sauvée, mais que jamais elle ne connaîtra les joies de l'amour.
XXX	Quelques jours plus tard, le 23 mai.	Chez les Lacasse ; à l'hôpital pour enfants.	Le jour du mariage de Florentine est arrivé. Rose-Anna était inquiète à cause du comportement de sa fille depuis ce fameux dimanche où Florentine avait reçu Jean Lévesque, seule à la maison. Mais, depuis quelques jours, Florentine a retrouvé des couleurs et paraît heureuse avec Emmanuel : Rose-Anna en a été réjouie. Mais, ce matin, elle a trouvé une lettre adressée à Jean Lévesque et son inquiétude lui est revenue. Rose-Anna sent que ce mariage n'apporte pas à sa fille le bonheur qu'il devrait lui apporter. Sa fille partie, Rose-Anna se sent tout à coup submergée par le chagrin. Sa fille Yvonne survient à ce moment-là. Elle sent bien l'accablement de sa mère. Rose-Anna se sent trop fatiguée pour aller voir Daniel à l'hôpital ce jour-là ; elle propose donc à Yvonne d'y aller toute seule : celle-ci en est tout heureuse. Daniel a beaucoup pleuré : Jenny, son infirmière préférée, a été envoyée dans une autre salle et sa mère n'est pas venue le voir depuis longtemps. Yvonne a compris que son frère allait mourir. Elle lui demande de prier avec elle. Puis, au bord des larmes, elle finit par s'enfuir en courant.
XXXI	Quelques jours plus tard.	Chez les Lacasse.	Aussitôt après le repas du midi, Rose-Anna envoie ses enfants à l'école et reste seule. Le moment de son accouchement est arrivé. Elle va frapper à la cloison pour que la voisine aille chercher la sage-femme et elle s'allonge sur son lit. Ce matin leur est arrivée la nouvelle de la mort de Daniel et Azarius est allé à

Chapitre	Temps	Lieu	Intrigue
			l'hôpital. Les douleurs plongent Rose-Anna dans un état de semi-inconscience. Puis, elle aperçoit deux femmes à son chevet. Certains moments de sa vie, plus ou moins déformés, défilent, tel un cauchemar. Puis, elle entend un faible cri : c'est un garçon, lui dit-on. Et ses préoccupations de tous les jours reprennent possession de son esprit : les enfants sont rentrés et réclament à manger ; Azarius n'est toujours pas revenu.
XXXII	Plus tard, le même jour ; la nuit est tombée.	Chez les Lacasse.	Rose-Anna vient de s'éveiller ; il fait nuit. Elle appelle Azarius. Il entre dans la chambre et Rose-Anna veut qu'il allume pour lui montrer son fils. Il lui dit qu'il veut d'abord lui parler : il a une surprise à lui faire. Il dit que cela fait longtemps qu'il souffre de la voir peiner, qu'elle va avoir beaucoup d'argent et qu'elle sera enfin débarrassée de lui. Puis, il allume, et Rose-Anna, jetant un cri, voit son mari revêtu d'un uniforme militaire.
XXXIII	Environ une semaine plus tard.	Gare Bonaventure.	Emmanuel et Florentine découvrent, dans la gare, un groupe de Saint-Henri : Sam Latour, Azarius et Pitou. Puis, l'angoisse qu'Emmanuel avait éprouvée sur la montagne reprend possession de lui : pourquoi part-il ? pourquoi partent-ils tous ? Les barrières s'ouvrent. Emmanuel embrasse ses parents et sa sœur. Il prend Florentine dans ses bras et lui voit verser des larmes. Il en est bouleversé, car son comportement au cours des derniers jours s'était révélé plutôt changeant, passant de la froideur à la tendresse. Soudain, la réponse à la question qui l'obsède depuis cette nuit sur la montagne, Emmanuel croit la lire sur les lèvres d'une vieille femme au milieu de la foule : ce qui les pousse tous, c'est l'espoir, l'espoir qu'un jour il n'y aura plus de guerre. Restée seule, Florentine éprouve une vague tristesse. Puis, elle aperçoit Jean dans la foule. Pendant un instant, elle veut aller à lui, et lui montrer son alliance pour qu'il sache qu'elle peut se passer de lui. Mais elle décide plutôt de lui tourner le dos. Elle sent qu'une nouvelle vie commence pour elle. Sa mère et elle vont pouvoir vivre assez bien avec l'argent qu'elles vont toutes deux recevoir. Quant à Emmanuel, son train traverse Saint-Henri, pendant que, dans le ciel, des nuées sombres annoncent l'orage.

Florentine. Fille aînée d'Azarius et de Rose-Anna Lacasse, elle a 19 ans, « un visage mince, délicat, presque enfantin » (p. 11) et plutôt joli. Elle a des cheveux brun clair tombant sur ses épaules et son corps est très mince, plutôt maigre même. Serveuse dans un restaurant, elle vient en aide financièrement à sa famille, car son père est souvent sans travail. Son rêve est de quitter Saint-Henri. Elle est attirée par la rue Sainte-Catherine, les vitrines des grands magasins, la foule élégante des samedis soirs, les beaux restaurants, les théâtres, et elle rêve du beau jeune homme qui viendra un jour la tirer de sa misère pour lui offrir toutes ces belles choses. Florentine est convaincue que Jean Lévesque est celui qui saura la sortir de Saint-Henri.

Rose-Anna. Elle a un peu plus de quarante ans. Venue de la campagne, elle s'est mariée avec Azarius il y a environ vingt ans. Des onze accouchements qu'elle a connus, il lui reste huit enfants encore vivants et elle est de nouveau enceinte. C'est elle qui est le vrai chef de la famille, elle qui gère le budget et prend les décisions importantes. Elle est toujours à sa besogne, veillant à ce que chacun de ses enfants ait ce qu'il lui faut, dans la mesure du possible évidemment. Mises à part les premières années de son mariage, elle n'a connu que grossessses et misère. Pour elle, le bonheur réside dans le passé : c'est l'époque de ses fiançailles et du printemps qui a suivi la naissance de Florentine.

Jean. Orphelin dès son plus jeune âge, il a eu une enfance sans amour. Après avoir vécu à l'orphelinat, il a été adopté par un couple dont la femme avait fait le vœu d'adopter un enfant si leur fille retrouvait la santé. Après la mort de son enfant, cette femme s'est repliée en elle-même, laissant Jean dans une solitude pire que celle de l'orphelinat. À 15 ans, il a quitté ses parents adoptifs et décidé de faire seul sa vie. Très ambitieux, travailleur, têtu, son rêve est de quitter un jour Saint-Henri pour aller habiter Westmount, le quartier riche situé au-dessus de Saint-Henri. Déjà, il a un métier qui lui assure un emploi, à une époque où il y a encore beaucoup de chômage. En attendant de réaliser son rêve, il suit des cours par correspondance, afin de devenir ingénieur. Il voit la guerre comme une occasion de s'enrichir plus rapidement. Quant à Florentine, il éprouve pour elle une certaine attirance, qui l'obsèdera quelque temps, mais il combat cette attirance, car il tient à conserver sa liberté, son indépendance. Depuis le début, il joue avec elle un jeu cruel. À la fin du roman, on voit que son ascension sociale est déjà commencée : il ne vit plus, ni ne travaille plus à Saint-Henri et il est vêtu avec élégance.

Emmanuel. Contrairement aux autres personnages, sa famille appartient à la petite bourgeoisie : son père est marchand d'objets de piété. Très tôt dans sa vie, dès l'école primaire, Emmanuel a compris ce qu'est la misère à travers ses petits camarades, et cette vision n'a cessé de l'agiter depuis. C'est par générosité qu'il s'est enrôlé dans l'armée : il veut venir en aide à ceux qui en ont besoin. Il pense également que la guerre « va détruire le [...] pouvoir de l'argent » (p. 62), qu'une société plus juste va en ressortir. Contrairement à Jean, il aime Saint-Henri ; c'est pourquoi, contrairement à lui également, il aime Florentine. Certains critiques ont vu en Emmanuel un simple porte-parole des idées de l'auteur, un personnage sans consistance et sans profondeur. Il nous semble qu'il faille plutôt considérer que ce que Gabrielle Roy a d'abord voulu faire de ce personnage, c'est l'opposé du personnage de Jean Lévesque. Les deux personnages s'opposent en effet en tout point : l'un rêve de quitter Saint-Henri, l'autre est heureux d'y revenir lorsqu'il en est parti ; l'un méprise les gens de Saint-Henri, l'autre est attiré vers les humbles ; l'un est mû par l'ambition personnelle, l'autre par un idéal généreux ; l'un va se déprendre de Florentine, l'autre va l'épouser.

Azarius. Il a épousé Rose-Anna il y a à peu près vingt ans. À l'époque, il exerçait le métier de menuisier ; il était heureux de l'existence qu'il menait. Puis, la crise est survenue et il a été l'un des premiers à perdre son emploi. Il a alors exercé toutes sortes de métiers : livreur de lait, livreur de glace, vendeur ; ensuite, il n'a plus trouvé que de petits emplois d'un jour à la fois, puis, plus rien : le chômage. Il est alors devenu grand discoureur, fréquentant les débits de tabac et les petits restaurants de quartier. Il a aussi tenté de faire fortune : il a fabriqué des meubles, à son compte, puis il a ouvert un commerce de ferronnerie avec un associé ; il a aussi vendu, illégalement, des billets de sweepstake *, mais toutes ces expériences ont mal tourné. Il s'est fait la réputation d'un sans-cœur qui laisse sa femme faire des ménages plutôt que d'accomplir un honnête travail. Au début du roman, il est chauffeur de taxi, emploi qu'il va encore une fois quitter. C'est un indécis et un rêveur. Il envie les jeunes qui s'enrôlent dans l'armée. Il rêve d'aller défendre la France contre les Allemands. Mais, surtout, il en a assez de la vie qu'il mène, il a honte de lui-même, honte de laisser Rose-Anna se faire mourir à sa besogne, de laisser sa fille faire vivre sa famille. Il voudrait fuir, partir au loin, tout laisser derrière lui.

* Loterie irlandaise dont il se vendait des billets au Québec. À l'époque, les jeux de hasard, les loteries, les courses où l'on prenait des paris étaient interdits par la loi.

Le roman se divise en 33 chapitres. Chaque chapitre raconte une scène qui se déroule en un temps relativement bref, en général quelques heures, au maximum une dizaine d'heures environ. Les intervalles de temps qui séparent ces scènes ne sont pas résumés, ils sont laissés dans l'ombre, ce qui donne au récit un aspect discontinu.

Le point de vue de narration utilisé est celui du narrateur omniscient. Cependant, le narrateur ne reste pas « au-dessus » des personnages, il « descend » en eux, passant de l'un à l'autre. Dans bon nombre de chapitres, l'action est racontée (à la troisième personne) du point de vue d'un personnage en particulier, dont on connaît les pensées. Il en est ainsi, par exemple, de l'action des chapitres II et III, racontée du point de vue de Jean Lévesque, et de l'action du chapitre IV, racontée du point de vue d'Emmanuel. Il s'agit d'une sorte de fusion du narrateur interne ♦ et du narrateur omniscient. Dans d'autres chapitres, le lecteur a accès aux pensées de deux personnages différents à la fois. C'est le cas, par exemple, des chapitres I, V, VI, VII et X. Il est cependant rare que l'on ait accès aux pensées de plus de deux personnages à la fois, comme c'est le cas au chapitre VIII (Florentine, Jean et Emmanuel). En général, d'un chapitre à l'autre, le point de vue change, c'est-à-dire que l'on accompagne des personnages différents.

Le récit suit un ordre chronologique linéaire, même si, à quelques reprises, deux actions simultanées sont racontées successivement. C'est le cas des chapitres V, VII, XVI, XXIII et XXIX, dont l'action a lieu en même temps que celle des chapitres qui les précèdent immédiatement.

L'action se déroule sur une période d'environ trois mois, soit de la fin février à la fin mai 1940. Les 33 chapitres du roman sont difficiles, à première vue, à regrouper en parties. On passe constamment d'un lieu à l'autre, d'un moment à l'autre et d'un personnage à l'autre.

Pourtant, il est possible, comme le suggère François Ricard, de dégager quatre grands moments, présentant chacun une certaine unité dramatique. Au centre du roman, il y a le voyage à la campagne et la séduction de Florentine et, de part et d'autre de ce sommet, il y a deux versants.

Séquence	Chapitres	Intrigue
1	I-XII	Présentation des lieux, du contexte socio-historique, des principaux personnages (Florentine, Jean, Emmanuel, Rose-Anna et Azarius) et mise en place du drame de Florentine, ainsi que de celui de la famille Lacasse.
2	XIII-XVII	Voyage à la campagne de la famille Lacasse et séduction de Florentine.

| 3 | XVIII-XXIV | Visite de Rose-Anna à l'hôpital, détresse de Florentine, déménagement. |
| 4 | XXV-XXXIII | Retour d'Emmanuel, mariage de Florentine et Emmanuel, accouchement de Rose-Anna et départ d'Emmanuel. |

Dans la première partie, le drame se met en place, pour la famille Lacasse comme pour Florentine. Dans la deuxième partie, il éclate. Dans le cas de Florentine, ce drame est évident. Quant à la famille Lacasse, c'est Rose-Anna elle-même, alors qu'elle fait route vers l'hôpital pour aller voir son fils Daniel (chapitre XVIII), qui pense que leur voyage à la campagne a été cause de leurs derniers malheurs. En effet, Azarius a de nouveau perdu son emploi à la suite de l'accident qu'il a eu au retour de ce voyage ; pendant leur absence, Florentine a reçu Jean Lévesque, seule à la maison ; et c'est peu après ce voyage que Daniel a été transporté à l'hôpital. Pour Azarius, la nouvelle perte de son emploi va l'amener à adopter une solution désespérée. La troisième partie constitue une phase de dépression à la suite des événements dramatiques des chapitres centraux : maladie de Daniel qui s'aggrave, détresse de Florentine et déménagement dans un nouveau logement situé à proximité de la voie ferrée — une étape de plus dans la déchéance de la famille Lacasse. Dans la dernière partie, il y a une sorte de nouvel essor (mariage de Florentine, naissance de l'enfant de Rose-Anna, engagement d'Azarius, départ des soldats), mais la fin nous laisse en suspens. Les personnages, en particulier Florentine et Emmanuel, ne sont plus tels qu'ils étaient au début. Florentine a renoncé à ses rêves d'amour, pour ne plus penser qu'à l'argent. Quant à Emmanuel, il a aussi mûri, mais la prochaine étape pour lui sera celle de la guerre...

Mémo

- Chaque chapitre raconte une scène qui se déroule en quelques heures.
- Le récit a un aspect discontinu du fait que les intervalles de temps qui séparent les chapitres sont laissés dans l'ombre.
- Le point de vue de narration est celui du narrateur omniscient, mais bon nombre de chapitres sont racontés (à la troisième personne), soit du point de vue d'un personnage en particulier, soit du point de vue de deux personnages à la fois, et, rarement, du point de vue de plus de deux personnages.
- Le récit suit un ordre chronologique, l'action se déroulant en un temps relativement court : trois mois.
- Le roman peut être divisé en quatre parties : mise en place du drame (I-XII), éclatement du drame (XIII-XVII), dépression (XVII-XXIV), nouvel essor et fin suspendue (XXV-XXXIII).

Pistes de réflexion

- Les seuls personnages présentés de l'intérieur sont les membres de la famille Lacasse (à l'exception des personnages les moins importants parmi les enfants), de même que Jean, Emmanuel et Marguerite (mais pas Alphonse) : il y aurait lieu de s'interroger sur le sens de ces choix. Par ailleurs, pourquoi, dans le chapitre II, le personnage d'Azarius est-il aperçu de l'extérieur, du point de vue de Jean ? Pourquoi, à une seule reprise dans le roman, soit au chapitre IX, Rose-Anna nous est-elle présentée de l'extérieur, c'est-à-dire du point de vue de Florentine ?

Bonheur d'occasion est d'abord le **drame d'une jeune fille** de 19 ans, Florentine Lacasse, qui croit pouvoir connaître l'amour avec un jeune homme qu'elle trouve différent de ceux qu'elle a rencontrés jusque-là, Jean Lévesque. Elle pense que Jean va la sortir de la misère de Saint-Henri, qu'il va tout lui apporter, c'est-à-dire amour, richesse et bonheur, mais son aventure avec lui va plutôt tourner au cauchemar.

Bonheur d'occasion est aussi le **drame d'une famille**, celle des Lacasse. Cette famille a été durement éprouvée par la crise économique, le chômage et les malheurs qui n'en finissent plus de se succéder : l'aînée qui donne de sérieuses inquiétudes à sa mère ; l'aîné des garçons qui vient de s'enrôler dans l'armée bien qu'aucune loi ne l'y oblige, alors que le pays est en guerre ; la grave maladie d'un des plus jeunes et un père rêveur, incapable d'assumer ses responsabilités.

Ce roman est aussi le **drame d'un quartier**, un quartier ouvrier défavorisé, sali par les usines et les trains qui le traversent jour et nuit, exposé à un bruit incessant, un quartier durement frappé par la crise économique et dont les habitants rêvent de partir, comme on rêve de quitter une prison, parce qu'on ne peut y connaître que la misère. Un quartier dont les habitants en sont venus à voir la guerre comme une planche de salut.

Bonheur d'occasion est enfin un **drame universel**. C'est le drame d'hommes et de femmes en quête du bonheur, qu'ils le cherchent rue Sainte-Catherine ou à Westmount, à la campagne ou même à la « dompe » de la Pointe-Saint-Charles, dans l'amour — celui d'un homme, d'une femme, d'une famille, des autres humains en général ou de Jésus —, dans leur travail, dans l'argent ou dans la possession d'un objet longtemps désiré. C'est à cette quête de bonheur que renvoie le titre, quelque peu ironique, de l'œuvre, qui laisse en quelque sorte entendre que les bonheurs accessibles aux personnages ne peuvent être que « d'occasion » — comme on dit : une voiture d'occasion — c'est-à-dire des petits bonheurs éphémères et trompeurs, attrapés en passant, avec un peu de chance, et aussitôt envolés. Le roman est aussi le drame d'êtres qui souffrent du manque de tendresse, de la solitude, une solitude pesante, cruelle, présente chez tous, à chaque instant de leur vie. Et c'est encore le drame de femmes soumises à leur condition, à une époque où les moyens anticonceptionnels n'étaient pas ceux d'aujourd'hui. Trois générations de femmes (la fille, la mère et la grand-mère), bien différentes l'une de l'autre, découvrent leurs rapports avec les hommes, leurs grossesses, leurs accouchements, leur condition de mère.

Donc, drame d'une jeune fille, d'une famille, d'un milieu et drame universel tout à la fois, les principaux thèmes du roman sont là : l'injustice sociale, la recherche du bonheur, la solitude, la condition féminine et la guerre.

L'injustice sociale

Le roman est le drame de gens qui appartiennent à un milieu social défavorisé, le milieu ouvrier, habitant un quartier situé au sud-ouest de Montréal, le quartier Saint-Henri, et vivant à une époque difficile, c'est-à-dire la fin de la grande crise des années 30 et le début de la Deuxième Guerre mondiale. Le chômage y frappe encore un travailleur sur trois. Azarius, son fils Eugène, un maçon rencontré par Azarius chez Sam Latour, les camarades d'enfance d'Emmanuel : Pitou, Boisvert et Alphonse, tous en font la dure expérience. Mais c'est surtout à travers la vie que mène la famille Lacasse que l'on comprend ce que chômage et pauvreté veulent dire.

La pauvreté veut dire habiter un logement mal entretenu et trop petit, où l'on s'entasse les uns sur les autres, où les enfants doivent dormir à deux dans un même lit ou sur des sofas et des divans-lits, bien souvent dans le salon ou la salle à manger. La pauvreté veut dire ne pas manger à sa faim et manger de la mauvaise nourriture lorsque l'on mange, ce

Dans bon nombre de scènes du roman, il est question d'argent, comme au chapitre VI, où Rose-Anna marche dans Saint-Henri à la recherche d'un nouveau logement; au chapitre IX, lorsque Rose-Anna va voir Florentine à son travail; au chapitre XIII, quand Rose-Anna demande à Azarius d'aller acheter un peu de linge pour les enfants, parce qu'elle a honte de les montrer à sa famille dans leurs vêtements tout usés; au chapitre XIX, quand Eugène veut emprunter à sa mère une partie de l'argent qu'il lui a lui-même donné; au chapitre XXXIII enfin, alors que Florentine compte les pensions que sa mère et elle vont recevoir et évalue ce qu'elles pourront en faire.

qui explique que les enfants sont souvent malades et qu'ils n'ont ni bons os ni bonnes dents. Être pauvre veut dire porter des vêtements trop usés, que la mère doit inlassablement repriser; cela veut aussi dire manquer de vêtements, comme le petit Daniel que sa mère n'envoie pas à l'école parce qu'il n'a pas de manteau d'hiver.

Être pauvre veut encore dire souffrir de ne pas pouvoir se procurer tous ces biens que la société s'évertue à vous mettre sous les yeux. Comme le dit Alphonse, parlant de la société: « A nous a donné les tentations. » (p. 58) Et c'est sur la rue Sainte-Catherine que les pauvres de Saint-Henri rencontrent les « tentations »: belles voitures, beaux vêtements, beaux meubles, articles de sport, bons restaurants. À la souffrance des pauvres de ne pas pouvoir se payer le nécessaire s'ajoute donc celle de ces « tentations » auxquelles ils ne peuvent pas succomber.

On comprend dès lors que l'**argent** devienne une **préoccupation constante**. Pour ces gens, écrit Gabrielle Roy, le mot « acheter » est un mot « terrible et ensorceleur ».

Saint-Henri, c'est la pauvreté; c'est aussi la saleté et le bruit. Il y a surtout ces trains qui traversent le quartier, jour et nuit, faisant trembler les habitations situées toutes proches des voies ferrées et laissant derrière eux l'épaisse fumée de la combustion du charbon, qui salit tout. Les habitants de **Saint-Henri** ne rêvent donc que d'une chose: fuir ce quartier de misère devenu pour eux une **prison**. Jean Lévesque, regardant en direction des lumières de Westmount, là-haut sur la montagne, dit à Florentine : « [J]'aurai bientôt mis le pied sur le premier barreau de l'échelle... et good-bye à Saint-Henri ! » (p. 85) Et, à la fin du roman, Florentine, après avoir compté son argent et celui de sa mère, pense en tout premier lieu à louer une maison sur le boulevard La Salle : « On n'est plus pour vivre à Saint-Henri » (p. 404). Tout au long du roman, les trains qui traversent le quartier, les bateaux qui empruntent le canal Lachine font naître des idées de départ chez les personnages. La vue de la montagne, la rue Sainte-Catherine, pas très loin au nord, la vallée de la Richelieu au sud, d'où est originaire Rose-Anna, et même le dépotoir de la Pointe-Saint-Charles, sur le bord du fleuve, constituent dans leur esprit autant de paradis vers lesquels ils rêvent de s'évader.

Le voyage, l'évasion, la fuite pourraient aussi être considérés comme constituant un thème du roman. D'ailleurs, le voyage est un thème important de l'œuvre entière de Gabrielle Roy, comme de sa vie.

La quête du bonheur

Qu'est-ce que le bonheur ? Le bonheur n'appartient-il pas essentiellement au domaine du rêve ? Si oui, on pourrait le définir comme la venue souhaitée, attendue, rêvée par quelqu'un de la chose qui lui manque le plus dans son existence. Il y a, en effet, dans l'œuvre de Gabrielle Roy, cette idée qu'au cœur de l'homme existe une insatisfaction, un manque essentiel : il y a la solitude, le mal, l'injustice, tout ce qui fait défaut à l'homme pour assurer son bonheur ; il y a un paradis perdu. Et il y a la quête menée par l'homme pour combler ce manque, pour réintégrer le paradis.

Dès les premières lignes du roman, il est question du rêve de bonheur de Florentine : « La fièvre du bazar montait en elle, une sorte d'énergie mêlée au sentiment confus qu'un jour, dans ce magasin grouillant, une halte se produirait et que sa vie y trouverait son but. Il ne lui arrivait pas de croire que son destin, elle pût le rencontrer ailleurs qu'ici, dans l'odeur violente du caramel, entre ces grandes glaces pendues au mur où se voyaient d'étroites bandes de papier gommé, annonçant le menu du jour et au son bref, crépitant, du tiroir-caisse, qui était comme l'expression même de son attente exaspérée. Ici se résumaient pour elle le caractère hâtif, agité et pauvre de toute sa vie passée dans Saint-Henri. » (p. 9)

Quelques pages plus loin, la nature du rêve de bonheur de Florentine se précise. Elle pense à la rue Sainte-Catherine, ses vitrines, sa foule élégante, ses beaux restaurants et elle se dit que c'est Jean Lévesque qui peut lui offrir tout cela : « Il [lui] sembla que, si elle se penchait vers ce jeune homme, elle respirerait l'odeur même de la grande ville grisante, bien vêtue, bien nourrie, satisfaite et allant à des divertissements qui se paient cher » (p. 19).

Dans « Ma petite rue qui m'a menée autour du monde », Gabrielle Roy écrit : « [Ce roman] eut pour résultat de me faire connaître comme une romancière de réalisme social — ce que je n'étais pas le moins du monde. » Quand on connaît le reste de son œuvre, on sait, en effet, que l'observation de la société n'y tient pas une bien grande place. Même dans *Bonheur d'occasion*, le réalisme social ne compte pas autant que la quête du bonheur.

Quant à Jean Lévesque, s'il est un moment attiré par Florentine, c'est que le manque de tendresse a cruellement marqué son enfance. Mais ce qui le pousse à agir, c'est d'abord l'ambition : il veut devenir riche. Au début du roman, il nous est dès l'abord présenté comme un être « tout tendu vers le succès, tout dévoré d'ambition » (p. 25). S'il veut pouvoir continuer de consacrer toute son énergie à la réalisation de son ambition, comme il l'a fait jusque-là, il ne peut pas prendre avec lui Florentine ; il doit préserver sa liberté. Mais il y a aussi le fait que Florentine, par sa maigreur, lui rappelle Saint-Henri et sa misère. Or, il a résolu d'échapper à ce quartier, et partir avec Florentine, ce serait comme d'emmener Saint-Henri avec lui. L'argent est pour lui un moyen de compenser ce qui lui a manqué jusqu'alors dans son existence. À l'époque de ses études, « [ses] parents adoptifs, s'ils ne lui témoignaient déjà plus aucune tendresse, ne lui ménageaient pas du moins les biens matériels. Et, en ce temps-là, bien mis, toujours quelque argent en poche, il se vengeait d'une longue humiliation en faisant tinter des pièces blanches dans ses doigts. » (p. 210) Parce que Jean rêve de richesse pour compenser une enfance sans amour, Florentine serait un obstacle sur sa route vers le succès.

Pour Rose-Anna, le bonheur a été l'époque de ses fiançailles avec Azarius. Il y a aussi eu le printemps qui a suivi la

Les premières pages de *Bonheur d'occasion* annoncent tout le roman, pour l'essentiel : le personnage de Florentine nous est présenté dans ses grands traits ; les rapports entre Florentine et Jean, le jeu cruel qui va se jouer entre eux et l'issue de leur relation sont déjà annoncés ; le contexte socio-historique du récit est évoqué au cours de la scène du défilé militaire ; les grands thèmes du roman : l'injustice sociale, la quête du bonheur, la solitude, la guerre, et même la condition féminine (évoquée dans la description du travail de la serveuse de restaurant) sont déjà présents.

naissance de Florentine; elle s'y revoit, poussant la voiturette de Florentine dans le soleil. Par la suite, sa vie n'a plus été que misère et chagrins. Il y a bien des souvenirs de bonheur qui émergent aussi de son enfance, car elle est tout heureuse d'aller à la campagne revoir sa famille. On devine cependant que cette enfance n'a pas dû être faite que de joies, avec une mère telle que la sienne, qui n'a jamais su manifester la moindre tendresse envers ses enfants. Rose-Anna est un être qui vit surtout au présent, évitant de s'abandonner au rêve et s'efforçant, avec courage, de rendre la vie la plus douce possible aux siens.

Pour Azarius aussi, le bonheur appartient au passé. Ce sont les premières années avec Rose-Anna qui ont été les plus belles de son existence. Son bonheur, il le tenait alors de son travail et de l'amour de sa femme. Depuis qu'il a cessé d'exercer son métier de menuisier, il a cessé d'être heureux. Il a essayé bien d'autres travaux, mais aucun ne lui a redonné le plaisir qu'il avait eu à construire des maisons. Par ailleurs, il sait qu'il fait souffrir les siens et il souffre aussi de cela. Désespéré, sa décision de s'enrôler est un geste de fuite devant une réalité qu'il est incapable d'affronter.

Emmanuel se distingue des autres personnages du roman. Jeune, il a vu à travers ses petits camarades d'école ce qu'était la misère, et cette vision est restée en lui. Son rêve, c'est de soulager la misère des autres et c'est pour cela qu'il s'est enrôlé. Il est le seul personnage du roman à aimer Saint-Henri, et il aime ce quartier justement parce qu'il aime les petits, les miséreux, ceux qui souffrent. Son rêve de bonheur, c'est l'avènement d'un monde où il n'y aurait plus ni misère ni guerre, d'un monde où régnerait la justice universelle. Dans une suite que Gabrielle Roy a imaginée pour son roman, elle a réservé à Emmanuel un destin tragique, le faisant mourir de faim dans un camp de prisonniers japonais. Mais, elle le présente mourant sans haine au cœur et ayant conservé jusqu'au bout son espoir en un monde plus juste (Discours de réception à la Société royale du Canada, in *Fragiles Lumières de la terre*).

Il est assez remarquable que presque tous les personnages du roman (y compris les plus effacés, et même ceux qui n'y font qu'une apparition fugitive) aient **chacun** leur propre **rêve de bonheur**. Ainsi, pour le petit Daniel, malade, le bonheur, c'est d'abord une flûte, cette petite flûte d'étain qui a donné son titre à la version anglaise du roman. Puis, son rêve de bonheur, ce sera ce manteau d'hiver que sa mère est en train de lui faire. À l'hôpital, lorsqu'il essaie d'imaginer avec sa sœur ce que doit être le paradis, il dit qu'il voudrait pouvoir y emporter ce manteau d'hiver neuf qu'il n'a pas encore eu l'occasion de porter. Pour lui, donc, le bonheur, c'est posséder des objets dont il est cruellement privé. Pour la petite Yvonne, sa

Le bonheur tel que l'imagine Emmanuel, ce n'est pas le sien propre, mais celui de tous les hommes. On peut dire qu'en cela il se rapproche de Rose-Anna, pour qui ce n'est pas non plus son propre bonheur qui importe, mais celui des siens.

sœur, le bonheur, c'est d'aller à la messe
tôt le matin, parce qu'à chaque fois
qu'elle y va, elle peut enlever une des
épines que les méchants ont plantées
dans le cœur de Jésus.

Alphonse raconte, pour sa part, l'histoire d'un homme pour qui le bonheur,
c'était de s'être construit une petite
cabane de fortune au dépotoir de la
Pointe-Saint-Charles et d'y vivre, tran-
quillement, sur le bord du fleuve, ne devant rien à personne et tirant son revenu
de toutes sortes d'objets trouvés sur place
qu'il arrivait à revendre (chapitre XXVII).
(Emmanuel a compris que cet homme,
c'était le propre père d'Alphonse.) C'est
encore Alphonse qui raconte l'histoire
d'un chômeur qui s'est enrôlé pour pouvoir s'offrir un beau manteau d'hiver
avec des boutons dorés. Et l'on pourrait
continuer ainsi de donner des exemples
de toutes ces quêtes de bonheur : celles
d'Eugène, de Pitou, de Boisvert, de
Marguerite, des autres compagnes de
travail de Florentine, des gens de Saint-
Henri qui, au printemps, sortent de
leurs maisons en quête de la joie...

La solitude

Si les gens de Saint-Henri, tels que
nous les présente Gabrielle Roy dans
Bonheur d'occasion, sont enfermés dans
leur quartier comme dans une prison,
rêvant d'en sortir, mais incapables de le
faire pour la plupart, les personnages de
son roman sont enfermés en eux-mêmes

encore plus irrémédiablement, **inca-pables de communiquer** avec autrui et souffrant d'un épouvantable manque de tendresse. Ce sont le malheur et la souffrance, engendrée par ce malheur, qui les enferment dans leur solitude.

Lorsque Florentine est avec Jean ou avec Emmanuel, ses pensées et les leurs se déroulent dans des directions tout à fait différentes, comme s'ils n'étaient pas ensemble. Mais la solitude de Florentine est peut-être surtout particulièrement frappante le soir où, justement, elle a décidé de confier à sa mère ce poids qu'elle porte en elle, sa crainte d'être enceinte de Jean. La scène commence par cette question posée par la narratrice : « Est-ce qu'il y avait encore des réponses que l'on pouvait obtenir du fond de ce gouffre où on était enfermé si loin de toute oreille humaine qu'on aurait pu crier des jours et des jours sans arracher à l'isolement autre chose qu'un faible écho de sa peine ? » (p. 271) Dans les premiers moments où elles sont ensemble, Rose-Anna parle à sa fille de tous les malheurs qui accablent leur famille, pendant que Florentine, de son côté, voyant sa mère écrasée sous un tel poids, se dit qu'elle s'est trompée en venant lui demander son aide. Puis, tout à coup, Rose-Anna a deviné ce qui était arrivé à sa fille et elle la regarde avec horreur ; Florentine baisse alors les yeux. Lorsqu'elle dirige de nouveau son regard vers sa mère, un regard qui implore, qui appelle à l'aide, Rose-Anna a détourné la tête.

Repensant alors à Jean, Florentine n'en peut plus et quitte la maison. Toutes deux, la mère et la fille, n'auront pas su se parler.

Pour sa part, Rose-Anna vit aux côtés d'Azarius, mais chacun mène sa propre existence, parallèlement à l'autre, sans jamais le rencontrer. On peut imaginer qu'il n'en a pas toujours été ainsi, que dans les premiers temps de leur vie commune ils pouvaient se parler, car Rose-Anna conserve un souvenir ému de cette époque. Mais on n'en est pas certain non plus : peut-être n'ont-ils jamais vraiment communiqué entre eux, sinon par des gestes et des regards, comme il leur arrive encore maintenant de le faire, plutôt qu'au moyen des mots...

L'accouchement de Rose-Anna est un des moments les plus intenses du roman. Et Rose-Anna s'y sent terriblement seule : « Elle était seule maintenant comme une femme l'est toujours à ces moments-là, pensa-t-elle pour s'encourager... Mais non, il lui fallut bien le reconnaître, jamais elle n'avait été si seule, personne au monde ne pouvait être plus seul. » (p. 378) La présence de la voisine et celle de la sage-femme, « deux inconnues », pense en elle-même Rose-Anna, l'humilie plus qu'elle ne la réconforte, car elle a honte de ses pauvres vêtements, honte d'être livrée au regard d'autrui, honte d'avoir besoin d'assistance.

La solitude n'épargne pas les enfants, pas plus que le malheur ni la souffrance. Le petit Daniel va mourir seul à l'hôpital,

> Dans le roman, l'un des personnages ouvre vraiment son cœur à quelqu'un d'autre : Azarius, au moment d'annoncer à sa femme qu'il s'est enrôlé, lui confie la souffrance qu'il porte en lui. Mais cela n'empêchera pas les deux personnages de rester aussi seuls après cette scène qu'avant.

sans sa mère et sans sa chère Jenny, cette infirmière qu'il aimait tant. Et l'on imagine sa petite sœur Yvonne tout aussi seule que lui. Ses parents trouvent excessive sa ferveur religieuse et ils essaient de l'en détourner, ce qui a pour effet d'accroître pour elle le sentiment de sa solitude.

La condition féminine

Florentine est certes amèrement déçue et profondément triste de voir Jean Lévesque s'éloigner d'elle, mais le plus grand drame, pour elle, c'est la grossesse qui résulte de cette malheureuse aventure. Mettre au monde cet enfant sans être mariée serait une honte insupportable ; le garder serait impensable ; quant à l'avortement, il n'en était pas question dans le Québec de cette époque. (La solution évoquée par Marguerite ne peut être qu'un accouchement au loin, dans le secret, suivi de l'adoption du bébé.) Florentine voit sa situation comme profondément injuste, car Jean peut s'en aller comme s'il ne s'était rien passé, alors que sa vie à elle est brisée. Elle s'en veut donc d'être femme : « [...] elle éprouvait, plus fort encore que sa peur, un indicible mépris pour sa condition de femme, une inimitié envers elle-même qui la déroutait. » (p. 263) L'amour aura été pour elle un « piège grossier et brutal » tendu à sa faiblesse et auquel elle s'est laissé prendre.

Ce que sa condition de femme impose à Florentine, c'est une grossesse non désirée ; ce que sa condition de femme impose à Rose-Anna, ce sont les accouchements : elle en est à son douzième. À chaque fois, Rose-Anna est envahie par la peur de l'atroce douleur qui accompagne l'accouchement, mais aussi par la peur de mourir : « [...] Elle savait que le corps redoutait un peu plus, chaque fois, la honte de cette nouvelle soumission à la douleur, et que l'âme, elle, se retenait plus glacée encore au bord du gouffre » (p. 380).

Dans les deux cas, celui de Florentine et celui de Rose-Anna, **c'est la condition même de la femme qui est mise en accusation**. Dans le premier cas, parce qu'aimer veut dire risquer de tomber enceinte, même si on ne le désire pas. Et dans le deuxième cas, parce que mettre au monde des enfants veut dire endurer cette atroce douleur, sans parler du risque d'y laisser la vie. Qui (ou quoi) que ce soit (Dieu ou la nature) qui est responsable du sort fait à la femme, il (ou cela) a mal fait les choses : voilà ce que laisse entendre Gabrielle Roy.

La guerre

Pour un Québécois francophone de 1940 (on disait alors un Canadien français), la question que la guerre posait était : faut-il y participer ou pas ? Le Canada était entré en guerre peu de temps après l'Angleterre. Les Canadiens anglais étaient majoritairement d'accord avec la participation de leur pays à cette guerre et avec la conscription obligatoire, c'est-à-dire l'enrôlement obligatoire dans l'armée de tous les hommes en âge de combattre. Pour les Canadiens d'origine britannique, participer à cette guerre, c'était, entre autres, se porter au secours de la mère-patrie. C'est justement parce qu'ils refusaient de se porter au secours de l'Angleterre, le pays qui les avait conquis, que les Canadiens français refusaient de participer à cette guerre. C'est ce qui explique que lorsque les camarades d'Emmanuel le voient pour la première fois dans son uniforme militaire, ils le désapprouvent. Les Canadiens français n'étaient pas d'accord avec la conscription, et en 1942, lorsqu'un référendum sera tenu sur cette question, le Canada anglais votera très majoritairement pour la conscription, alors que le Québec votera contre, comme il l'avait fait lors de la Première Guerre mondiale.

Cependant, pour les chômeurs de Saint-Henri, cette guerre va aussi très vite prendre un autre visage. Pour ceux qui vont trouver à s'employer dans les usines d'armement et de munitions, la **guerre** deviendra une **chance inespérée** d'échapper au chômage ; pour certains même, comme Jean Lévesque, ce sera une occasion de monter plus vite dans l'échelle sociale. Quant aux autres, il leur restera la possibilité de s'enrôler dans l'armée, s'ils le désirent, pour disposer d'un revenu. C'est ce que choisiront de faire Eugène, Azarius et Pitou. Alphonse aurait bien voulu entrer dans l'armée lui aussi, mais c'est l'armée qui ne veut pas de lui. En somme, la guerre, cette épouvantable tragédie pour ceux qui y sont mêlés directement, devient pour d'autres une chance de salut, mais à quel prix! Comme l'écrit François Ricard: «C'est ce qui donne à *Bonheur d'occasion* son caractère apocalyptique: cette correspondance terrible entre le rachat et la destruction» (*Gabrielle Roy*).

Mémo

- La plupart des thèmes du roman sont liés, à des degrés divers, à celui de l'injustice sociale. La condition sociale des personnages les plonge dans un état de grande détresse, détresse à laquelle ils aspirent à échapper, d'où leurs rêves de bonheur (ce qui ne veut pas dire, bien sûr, qu'il n'y ait que les pauvres qui rêvent au bonheur).

- La solitude est inhérente à la condition humaine, mais le malheur et la souffrance engendrée par celui-ci viennent accroître la solitude des personnages de *Bonheur d'occasion*.

- Quant à la guerre, si elle apparaît aux personnages du roman comme une chance plus que comme une calamité, c'est à nouveau à cause de la misère dans laquelle ils sont plongés.

La langue de Gabrielle Roy est une langue classique, sobre, claire. C'est une langue qui se laisse lire sans difficulté. Mais, il ne faut pas se laisser tromper par l'apparence de la facilité : le style de Gabrielle Roy est très travaillé. Chaque mot est pesé, choisi avec soin. La structure de la phrase et son rythme sont adaptés au sens, et le ton de l'œuvre est d'une remarquable homogénéité du début à la fin.

Vocabulaire

Il faut distinguer, dans le roman, les dialogues des passages narratifs. Dans les dialogues, Gabrielle Roy a voulu s'approcher de la langue parlée par les gens de Saint-Henri, sans aller cependant jusqu'à faire de cette langue une transcription absolument fidèle. Un auteur comme Michel Tremblay, par exemple, dans ses pièces de théâtre et ses dialogues de roman, fait parler à ses personnages une langue beaucoup plus proche de la langue parlée par les gens du plateau Mont-Royal que ne le fait Gabrielle Roy pour la langue des habitants de

Saint-Henri. Précisons, cependant, que ni l'un ni l'autre des deux écrivains ne fait une transcription pure et simple de la langue parlée, laquelle serait à peu près illisible. Les deux auteurs conservent en fait des éléments de la langue écrite normative (mots, structures de phrases), de façon à conserver à leur texte un minimum de lisibilité.

Bon nombre de mots et d'expressions utilisés par les personnages de *Bonheur d'occasion* appartiennent à la langue populaire. Certains sont empruntés à l'anglais tels « fun », « factories », « business », « speed », « loan », « billboard ». D'autres appartiennent à la langue populaire, comme : « en masse » (beaucoup), « traîner la patte » (flâner), « catin » (mannequin), « pas une miette » (pas du tout), « achaler » (importuner, harceler), « bébelles » (babioles, objets de peu de valeur), « piasse » (piastre ou dollar), « gazette » (journal), « bastringue » (attirail, objets de peu de valeur). D'autres, enfin, sont déformés : « cenne » (mot anglais : cent ou sou), « ben » (bien), « pis » (puis), « iousque » (où est-ce que), « boutte » (bout), « sapré » (sacré). Dans les passages narratifs, par contre, la langue est toujours conforme à la norme et le vocabulaire simple, mais toujours précis et juste.

Figures de style

La rhétorique ◆ traditionnelle distingue trois niveaux de style : le **style bas** (correspondant à la langue populaire), le

style moyen (intermédiaire, comme son nom l'indique, entre style bas et style élevé, correspondant *grosso modo* à la langue écrite ou parlée de niveau correct ou standard et comportant l'utilisation d'un minimum de figures de style) et le **style élevé** (correspondant à une langue beaucoup plus travaillée, dont les phrases sont longues et complexes, le vocabulaire recherché et dans laquelle les figures de style abondent : mé-taphores, métonymies◆, comparaisons, etc.). La définition de ces niveaux n'est pas absolument précise et varie selon les auteurs des traités de rhétorique, mais il s'agit tout de même d'une distinction commode, que l'on peut appliquer à *Bonheur d'occasion*.

Les dialogues du roman appartiennent au style bas. La plupart des passages narratifs relèvent du style moyen et, lorsque Gabrielle Roy décrit les états d'âme des personnages, on rencontre assez souvent dans son texte des mé-taphores et des comparaisons. Enfin, les descriptions de lieux et de foules, de même qu'un passage du chapitre XXVIII où Gabrielle Roy fait « dialoguer » Emmanuel avec la richesse relèvent, quant à eux, beaucoup plus nettement du style élevé.

Nous nous contentons ici de donner quelques exemples de l'emploi du style élevé. La description de la maison où habite Jean Lévesque en est un premier exemple. Cette maison est située juste à côté du canal Lachine et tout près de nombreuses voies ferrées. Cette proximité fait rêver Jean Lévesque de départ, d'évasion : « Dans la nuit, ce n'était autour d'elle [la maison] que poussière de charbon, chevauchée des roues, galop effréné de la vapeur, long hurlement des sifflets, éclat court et haché de la cheminée des barges : dans ces bruits s'égrenait encore la sonnerie grêle, cassée des signaux d'alarme et, prolongée au-delà de toute la rumeur, la marche lente d'une hélice ronronnante. Souvent, en s'éveillant la nuit au milieu de tous ces bruits, Jean avait cru être en voyage » (p. 32). On trouve, dans ce passage, des énumérations — dont certaines forment une gradation♦ —, des métaphores et des antithèses♦. Quelques lignes plus loin, la maison elle-même, à cause de sa forme, est comparée à un vaisseau.

Certaines figures, telles l'**énumération**, la **personnification**♦ et la **métaphore**, jouent un rôle essentiel dans la configuration du roman. L'énumération sert, par exemple, à évoquer la foule de Saint-Henri et l'animation qui règne dans le quartier. À l'aide de la personnification et de la prosopopée♦, Gabrielle Roy fait de Saint-Henri et de Westmount des êtres qui ont leur vie propre ; il suffit notamment de penser au dialogue saisissant qu'Emmanuel engage avec les riches demeures de Westmount : « La pierre, les grilles de fer forgé, hautaines et froides, les portes de vieux chêne, les lourds heurtoirs de cuivre, le fer, l'acier, le bois, la pierre, le cuivre, l'argent semblaient s'animer peu à peu et semblaient dire d'une voix creuse, avec un ricanement léger qui se communiquait aux arbustes, aux haies émondées, et franchissait la nuit : "Qu'est-ce que tu oses penser, toi, pauvre être humain ! Prétendrais-tu par hasard te mettre à notre niveau ? Mais ta vie, c'est ce qu'il y a de meilleur marché sur terre. Nous autres, la pierre, le fer, l'acier, l'or, l'argent, nous sommes ce qui se paye cher et ce qui dure." » (p. 337) Quant à la métaphore, enfin, si elle est utilisée pour décrire les états d'âme des personnages, elle évoque le plus souvent le voyage et l'évasion.

Syntaxe

L'histoire est racontée au passé : les temps de verbe les plus employés dans le roman sont le passé simple et l'imparfait. Le passé simple (ou passé défini) exprime un fait complètement achevé à un moment déterminé du passé. Or, le récit de *Bonheur d'occasion* nous est présenté comme ayant réellement eu lieu à un moment bien précis du passé et dans des lieux tout aussi précis. Mais surtout, le passé simple est le temps normal, conventionnel, du récit littéraire.

Pour ce qui est de la phrase, il faut à nouveau distinguer les dialogues des passages narratifs et, dans ces derniers, distinguer également : récit de l'action, description des états d'âme des personnages et description des lieux. Dans les phrases des dialogues, on retrouve des structures de la langue parlée, conformément au souci de Gabrielle Roy de s'approcher de la langue parlée à Saint-Henri. Ainsi, de nombreuses phrases interrogatives sont construites comme des phrases affirmatives bien qu'elles soient des questions : « Tu viendras ? » (p. 195), alors que d'autres phrases sont laissées incomplètes : « Parce que moi, le mariage, tu sais… » (p. 196).

Pour ce qui est des passages narratifs, on pourrait dire, en bref, que ceux qui constituent le récit de l'action contiennent des phrases courtes : « Florentine contourna d'assez loin la fonderie dont chaque fenêtre l'éclairait vivement au passage. Elle n'osa s'approcher de la porte donnant sur l'échelle de forge, à cause du gardien armé, debout sur le pas de la guérite. Immobilisée de l'autre côté de la rue, elle plongea le regard dans la salle du rez-de-chaussée. » (p. 187) Les passages qui décrivent les états d'âme des personnages sont eux aussi composés de phrases plutôt courtes, bien qu'elles contiennent beaucoup d'adjectifs et d'adverbes : « Ses pensées ne la conduisaient à rien. Elle ferma les yeux, elle chercha en elle son âpre volonté, son naïf et impérieux désir de Jean […] mais elle n'y trouva qu'une vision morose de barges en mouvement, comme une trame, secrète, insolite, incompréhensible. » (p. 262) Les passages de description des lieux ont, eux, des phrases plus longues, jalonnées de nombreuses énumérations et dont les termes principaux (nom et verbe) sont bien étoffés (par des adjectifs et des adverbes) : « La paroisse surgissait. Elle se composait dans sa tranquillité et sa puissance de durée. École, église, couvent : bloc séculaire fortement noué au cœur de la jungle citadine comme au creux des vallons laurentiens. Au-delà s'ouvraient des rues à maisons basses, s'enfonçant de chaque côté vers les quartiers de grande misère, en haut vers la rue Workman et la rue Saint-Antoine, et, en bas, contre le canal de Lachine où Saint-Henri tape les matelas, tisse le fil, la soie, le coton, pousse le métier, dévide les bobines, cependant que la terre tremble, que les trains dévalent, que la sirène éclate, que les bateaux, hélices rails et sifflets épellent autour de lui [Jean] l'aventure. » (p. 35-36)

Les choses ne sont pas cependant toujours aussi nettes et tranchées : beaucoup de scènes mêlent action et états intérieurs. Notons enfin que dans les descriptions d'états intérieurs, les adjectifs et les adverbes servent à décrire toutes les nuances de ces états et toutes les transformations qu'ils subissent, alors que dans les descriptions de lieux, les adjectifs ont souvent une valeur métaphorique.

Mémo

- **Dialogues**:

  Mots et expressions de la langue parlée de niveau populaire; structures de phrase de la langue parlée; style bas.

- **Passages narratifs**:

  — relatant des actions: vocabulaire simple et précis; phrases courtes; style moyen;

  — décrivant des états d'âme: phrases en général plutôt courtes, mais comportant plus d'adverbes et d'adjectifs et, à l'occasion, des comparaisons et des métaphores; style moyen;

  — décrivant des lieux et des foules: phrases souvent longues; beaucoup d'énumérations, d'adjectifs, d'adverbes; beaucoup de figures de toutes sortes; style élevé.

Née à Saint-Boniface, au Manitoba, Gabrielle Roy part pour l'Europe en 1937 et y séjourne dix-huit mois. De retour au Canada, elle s'installe à Montréal, où elle devient journaliste-reporter. Elle entreprend alors d'écrire son premier roman, *Bonheur d'occasion*, qu'elle publie en 1945. Elle a alors 36 ans.

Au cours du premier tiers du XXe siècle, le Québec est devenu une société principalement urbaine et industrielle, mais cette société reste encore largement dominée par une élite nationaliste et conservatrice, proche du clergé et attachée à la terre et aux valeurs du passé. La littérature québécoise reste, elle aussi, profondément marquée par cet attachement à la terre et à la tradition. Aussi *Bonheur d'occasion* marque-t-il une profonde rupture dans l'histoire de la littérature québécoise, faisant passer celle-ci d'une littérature du terroir, tournée vers le passé, à une littérature beaucoup plus moderne, centrée sur la ville et le présent le plus immédiat.

Le roman décrit la vie dans un quartier ouvrier de Montréal, le quartier Saint-Henri, à une époque où le Québec n'est pas encore sorti de la misère engendrée par la grande crise économique des années 30, au moment où commence la Deuxième Guerre mondiale. La guerre va susciter une autre crise dans la société québécoise : celle de la conscription, tout en amenant avec elle un espoir de salut pour ceux qui ne se sont pas encore remis de la crise économique.

Bonheur d'occasion est le fruit de longues et minutieuses observations et il constitue à cet égard un véritable document sur la société québécoise de cette époque, mais c'est aussi un roman d'analyse psychologique, l'un des premiers de notre littérature à avoir une réelle valeur.

Drame d'une jeune fille déçue par l'amour (Florentine), d'une famille aux prises avec la pauvreté (les Lacasse) et d'un milieu social étouffant (le milieu ouvrier de Saint-Henri), l'œuvre est aussi un drame profondément humain, de portée universelle, où la quête du bonheur, la solitude, les vicissitudes de la condition féminine et la guerre tiennent une place importante. C'est aussi une œuvre que l'on pourrait qualifier d'engagée socialement, car l'auteur y dépeint l'injustice sociale et prend très nettement position en faveur des déshérités.

Pour ce qui est de la langue de *Bonheur d'occasion* et de son style, il s'agit d'une langue claire, au vocabulaire simple et précis ; les dialogues y reproduisent la langue parlée par les gens de Saint-Henri alors que les passages descriptifs sont écrits dans un style plus relevé, plus « littéraire ».

Trouver laquelle des affirmations est *fausse*.

1
  a) *Bonheur d'occasion* marque une importante rupture dans l'histoire de la littérature québécoise.

  b) Le Canada a été frappé d'une façon particulièrement sévère par la crise économique des années trente.

  c) L'élite québécoise a toujours été favorable à l'industrialisation.

2
  a) *Bonheur d'occasion* a connu un succès qui n'avait pas eu de précédent dans l'histoire de la littérature québécoise.

  b) Gabrielle Roy poursuivra sa carrière de journaliste toute sa vie.

  c) C'est en Angleterre que Gabrielle Roy a décidé de devenir écrivain.

3
  a) Eugène s'est enrôlé dans l'armée parce qu'il n'arrivait pas à trouver d'emploi.

  b) Florentine a accepté d'aller à une soirée chez Emmanuel parce qu'elle espérait y rencontrer Jean.

  c) Florentine ne reverra plus jamais Jean après le dimanche où elle l'a reçu chez elle, seule à la maison.

4 *a)* Pour Rose-Anna, le bonheur réside dans le passé : c'est l'époque où elle a connu Azarius.

b) Le rêve de Jean, c'est de devenir riche ; le rêve d'Emmanuel, c'est celui d'un monde où règnerait la justice pour tous.

c) Azarius a exercé tous les métiers, sauf celui de chauffeur de taxi.

5 *a)* Le point de vue de narration de *Bonheur d'occasion* est celui du narrateur omniscient.

b) Il n'est pas possible d'imaginer une suite à ce roman.

c) Le récit suit un ordre chronologique.

6 *a)* Seul Emmanuel ne voit pas Saint-Henri comme une prison à laquelle il veut échapper.

b) Son rêve de bonheur pousse Florentine vers Jean, alors que le rêve de bonheur de Jean l'éloigne de Florentine.

c) Il n'y a que lorsque Florentine est avec Jean qu'elle ne souffre pas de la solitude.

7 *a)* La langue de *Bonheur d'occasion* est une langue recherchée, où les termes rares abondent.

b) C'est surtout dans les descriptions que les figures de style se font nombreuses.

c) Les phrases des passages qui racontent une action en train de se dérouler sont en général courtes.

Réponses du Quiz à la page 96.

1 Le destin des personnages de *Bonheur d'occasion* est tout tracé d'avance ; ils ne peuvent pas y échapper.

Critiquez cette affirmation en vous inspirant surtout des personnages de Florentine Lacasse et de Jean Lévesque.

2 Emmanuel veut dire « sauveur » en hébreu. Ce prénom convient-il vraiment au personnage qui le porte ?

3 Selon Jacques Blais : « [Quiconque] parcourt *Bonheur d'occasion* en quête de symétries constate vite, une fois repérés doublets et répétitions, qu'il s'agit là d'un phénomène particulièrement important [...] Quel que soit le domaine concerné (lieux, personnages, gestes, situations) un fait donné ne vaut que dans la mesure où il en évoque un autre, auquel il se lie par contraste ou par similitude. » Montrez que beaucoup de personnages et de situations du roman se font écho ; alors que d'autres personnages et d'autres situations (parfois les mêmes) forment un contraste l'un avec l'autre.

Monographies

CHARLAND, R.-M. et SAMSON, J.-N., *Gabrielle Roy*, coll. « Dossiers de documentation sur la littérature canadienne-française », Montréal, Fides, 1967.

RICARD, François, *Gabrielle Roy*, coll. « Écrivains canadiens d'aujourd'hui », Montréal, Fides, 1973.

RICARD, François, *Gabrielle Roy, Une vie*, Montréal, Boréal, 1996.

Études sur *Bonheur d'occasion*

BLAIS, Jacques, « L'unité organique de *Bonheur d'occasion* », *Études françaises*, Montréal, vol. VI, n° 1, février 1970, p. 25-50.

BROCHU, André, « Thèmes et structures de *Bonheur d'occasion* », *Écrits du Canada français*, Montréal, n° 22, 1966, p. 163-208.

Gabrielle Roy par elle-même

ROY, Gabrielle, *Fragiles Lumières de la terre*, Montréal, Boréal, 1996.

ROY, Gabrielle, « Ma petite rue qui m'a menée autour du monde », *Littératures*, Université McGill, n° 14, 1996, p. 135-163.

Film

Bonheur d'occasion, réalisé par Claude Fournier, produit par Ciné Saint-Henri inc., la Société Radio-Canada et l'Office National du Film, avec Pierre Gagnon, Martin Neufeld et Mireille Deyglun.

Le tableau récapitulatif couvre les années 1909-1984. La première date correspond à la naissance de Gabrielle Roy (elle meurt en 1983) et la dernière, à la publication posthume de son autobiographie, *La Détresse et l'Enchantement*.

Note

Ce tableau ne se veut pas exhaustif. Il a été créé dans le but de présenter un aperçu des moments importants de la vie de l'auteur et des grands événements de son époque.

1909-1984	Gabrielle Roy	Culture	Politique et société	Culture, politique et société
Année	Vie et œuvre	Québec et Canada		Dans le monde
1909	Naissance, le 22 mars, à Saint-Boniface, au Manitoba.			
1929	Obtient son brevet d'institutrice. Son père meurt. Enseigne à Marchand et à Cardinal, deux villages du sud manitobain (1929-1930).			Crise économique mondiale à la suite du krach boursier de New York.
1937	Enseigne, pendant l'été, à la Petite-Poule-d'Eau. Part pour l'Europe à l'automne.	Fondation des Éditions Fides. Premier numéro de l'hebdomadaire Le Jour, fondé par Jean-Charles Harvey. Menaud, maître-draveur de Félix-Antoine Savard (roman). Regards et jeux dans l'espace de Hector de Saint-Denys Garneau (poésie).	Adoption au Québec de la Loi des salaires raisonnables (salaire minimum). Adoption de la Loi de l'assistance des mères nécessiteuses au Québec.	
1939	Retour au Canada. S'installe à Montréal. Écrit articles et nouvelles pour Le Jour et La Revue moderne (1939-1940).	Création de la société d'art contemporain qui regroupe, autour du peintre Paul-Émile Borduas, plusieurs jeunes artistes.	Le 10 septembre, le Canada déclare la guerre à l'Allemagne. Adélard Godbout (libéral), premier ministre du Québec (1939-1944).	Début de la Deuxième Guerre mondiale (1939-1945). [Europe]
1941	Journaliste au Bulletin des agriculteurs (1941-1945). Commence à écrire Bonheur d'occasion.			

1943	Mort de sa mère, à qui *Bonheur d'occasion* sera dédié.	Mort de Hector de Saint-Denys Garneau, poète (1912-1943).	La loi de l'instruction obligatoire entre en vigueur. Les frais de scolarité sont abolis au primaire.	
1945	***Bonheur d'occasion*** est publié à la Société des Éditions Pascal. Gabrielle Roy a 36 ans.	*Le Survenant* de Germaine Guèvremont (roman).	Bilan canadien de la guerre : plus de 600 000 soldats envoyés au front; 41 000 tués; 53 000 blessés ou disparus.	Fin de la Deuxième Guerre mondiale (1939-1945).
1946	Reçoit le prix de l'Académie française et la médaille de l'Académie canadienne-française.		Les résidents du Canada, jusqu'alors sujets britanniques, sont déclarés citoyens canadiens.	
1947	Mariage avec le docteur Marcel Carbotte. Reçue à la Société Royale du Canada. Départ pour l'Europe. Reçoit le prix Fémina. Séjour en Europe. Rédige *La Petite Poule d'Eau* (1947-1950).			
1950	Retour d'Europe. Installation à Ville LaSalle. *La Petite Poule d'Eau* (roman) est publié aux Éditions Beauchemin.	*Le Torrent* de Anne Hébert (nouvelles).		Mise sur pied de la première organisation de paiement par carte de crédit : la Diner's Club. [États-Unis]
1952	Installation à Québec.	Entrée en ondes de la télévision de Radio-Canada.		
1954	*Alexandre Chenevert* (roman) est publié aux Éditions Beauchemin.	Création du Conseil des Arts du Canada.	Création de l'impôt provincial.	

1909-1984	Gabrielle Roy	Culture	Politique et société	Culture, politique et société
Année	Vie et œuvre	Québec et Canada		Dans le monde
1955	*Rue Deschambault* (roman) est publié à la Librairie Beauchemin. Reçoit le prix du Gouverneur général du Canada.			
1957	Achat d'une petite propriété à Petite-Rivière-Saint-François, au bord du fleuve, dans Charlevoix.	Fondation des Éditions Leméac.	John G. Diefenbaker (conservateur, premier ministre du Canada (1957-1963).	
1961	*La Montagne secrète* (roman) est publié à la Librairie Beauchemin. Voyages en Ungava et en Grèce.	Fondation des Éditions du Jour. Création du ministère des Affaires culturelles du Québec. Création du Conseil des Arts du Québec.	Population du Québec: plus de 5 millions. Population du Canada: 18 millions.	Construction du mur de Berlin. [Allemagne]
1963	Fait partie d'un comité chargé de réfléchir sur l'Exposition universelle de 1967; plus tard on lui demandera d'écrire le texte de l'album officiel de l'Exposition.			Assassinat de John F. Kennedy. [États-Unis]
1964	Voyage en Arizona à l'occasion du décès de sa sœur Anna.	Création du ministère de l'Éducation au Québec.		Les Américains passent à l'offensive dans la guerre du Viêt-nam (1964-1975).

1966	*La Route d'Altamont* (roman) est publié aux Éditions HMH.	*Début de la télévision en couleur au Québec.* *L'Avalée des avalés* de Réjean Ducharme (roman).	Daniel Johnson (Union nationale), premier ministre du Québec (1966-1968). Inauguration du métro de Montréal.	
1967	Faite Compagnon de l'Ordre du Canada.	Création de la Bibliothèque nationale du Québec. Exposition universelle de Montréal.	Charles de Gaulle, président de la République française, en visite à Montréal, lance : « Vive le Québec libre ! ». René Lévesque quitte le Parti libéral. Création des collèges d'enseignement général et professionnel (cégep).	
1968	Reçoit un doctorat honorifique de l'Université Laval.	*Les Belles-Sœurs* de Michel Tremblay (théâtre).	Jean-Jacques Bertrand (Union nationale), premier ministre du Québec (1968-1970). Pierre Elliott Trudeau (libéral), premier ministre du Canada (1968-1979).	Révolte étudiante de mai 68 en France.
1970	*La Rivière sans repos* (roman) est publié à la Librairie Beauchemin. Se rend au Manitoba, auprès de sa sœur Bernadette mourante.	*Mon oncle Antoine* de Claude Jutra (film). *L'Homme rapaillé* de Gaston Miron (poésie).	Crise d'Octobre : Loi sur les mesures de guerre. Robert Bourassa (libéral), premier ministre du Québec (1970-1976).	Les Beatles se séparent. [Angleterre]
1971	Reçoit le prix David.			
1972	*Cet été qui chantait* (récits) est publié aux Éditions françaises.			Invention de la première calculatrice électronique de poche. [États-Unis]

TABLEAU RÉCAPITULATIF

1909-1984	Gabrielle Roy	Culture		Politique et société	Culture, politique et société
Année	Vie et œuvre	Québec et Canada			Dans le monde
1975	*Un jardin au bout du monde* (nouvelles) est publié à la Librairie Beauchemin.				
1977	*Ces enfants de ma vie* (roman) est publié à la Librairie Beauchemin. Reçoit le prix du Gouverneur général du Canada.				
1978	*Fragiles Lumières de la terre. Écrits divers 1942-1970* est publié aux Éditions Quinze. Reçoit le prix Molson du Conseil des Arts du Canada.				
1982	*De quoi t'ennuies-tu, Éveline ?* (récit) est publié aux Éditions du Sentier.	*Les Fous de Bassan* de Anne Hébert (roman).			
1983	Meurt à l'âge de 74 ans, le 13 juillet, à l'Hôtel-Dieu de Québec.				
1984	*La Détresse et l'Enchantement* est publié aux Éditions du Boréal.	*La Guerre des Tuques* de André Mélançon (film).		Brian Mulroney (conservateur), premier ministre du Canada (1984-1993). Marc Garneau est le premier Canadien à voyager dans l'espace.	Mise sur le marché du Macintosh par la compagnie Apple. [États-Unis]

Antithèse. Figure de style qui consiste à mettre en opposition deux éléments dans un texte (deux mots, deux paragraphes, deux personnages, deux idées, etc.) pour en faire ressortir le contraste.

Gradation. Figure qui consiste à faire se succéder une série de termes d'intensité croissante.

Métonymie. Figure qui consiste à désigner un élément par un autre élément ayant avec le premier un rapport logique quelconque (effet-cause, contenant-contenu, signe-chose signifiée).

Narrateur
— **externe :** Point de vue de narration qui consiste à présenter les événements d'un récit comme s'ils se déroulaient devant une caméra qui se contenterait de les enregistrer. Seules les paroles et les actions des personnages sont rapportées, et pas leurs pensées.

— **interne :** Point de vue de narration qui consiste à présenter les événements d'un récit du point de vue d'un personnage ; on connaît les pensées de ce personnage, mais pas celles des autres personnages ; le plus souvent, le récit est à la première personne. Il peut arriver que le narrateur ne soit pas nommé et même qu'on ne sache rien de lui.

— **omniscient :** Point de vue de narration qui consiste à présenter les événements d'un récit du point de vue d'un narrateur qui est extérieur à l'action, comme pour le point de vue externe, mais ce narrateur voit tout et sait tout (passé, avenir, pensées des personnages).

Personnification. Figure qui consiste à attribuer à des objets, des animaux ou des abstractions des caractéristiques ou des comportements humains.

Prosopopée. Figure qui consiste à faire parler un absent, un mort, un animal ou une chose personnifiée.

Rhétorique. Ensemble des procédés constituant l'art de bien parler. Un bon nombre des notions de la rhétorique peuvent être appliquées à l'étude de textes littéraires, telles les notions de figure de rhétorique (ou figure de style) et de niveaux de style.

Index